L'enfant sourd

QUE SAIS-JE ?

L'enfant sourd

PAULE AIMARD

ALAIN MORGON

Deuxième édition corrigée

10e mille

DES MÊMES AUTEURS

Approche méthodologique des troubles du langage chez l'enfant, Paris, Masson, 1984.

En collaboration avec :

N. Daudet, Education précoce de l'enfant sourd, Paris, Masson, 2ᵉ éd., 1980.

Dans la même collection :

P. Aimard, Les troubles du langage chez l'enfant, Paris, Presses Universitaires de France, coll. « Que sais-je ? », 1984.

ISBN 2 13 039016 1

Dépôt légal — 1ʳᵉ édition : 1985, septembre
2ᵉ édition corrigée : 1996, mars

108, boulevard Saint-Germain, 75006 Paris

INTRODUCTION

1995 : On ne récrit pas à cette date le livre sur l'enfant sourd dans sa totalité tant il est vrai qu'est admise partout, maintenant, l'idée-force de l'éducation et de l'appareillage auditif précoce et pour ce faire du diagnostic précoce, c'est-à-dire avant un an, voire même dans les premiers mois de la vie. L'information des parents, des acteurs de la vie sociale (crèche, halte-garderie, enseignant de maternelle) et des médecins qui président au bon déroulement des premiers mois de la vie (accoucheurs, pédiatres, généralistes) porte ses fruits.

Toute surdité chez l'enfant est encore plus que pour toute autre pathologie, un cas particulier tant s'intriquent des paramètres divers (causes de la surdité, sa profondeur, les handicaps qui peuvent s'y associer, l'environnement familial), de telle sorte que la surdité offre des aspects médicaux, sociaux, pédagogiques, psychologiques et économiques. Dire qu'une surdité à la naissance entraîne une absence ou un retard de développement du langage si aucune prise en charge n'est entreprise indique assez le caractère humain de la surdité qui peut placer l'enfant sourd en marge de la société communiquante certes par le geste, la vue mais essentiellement par l'ouïe et la parole.

Donner à l'enfant le plus vite possible, le diagnostic de surdité étant posé, une communication est l'obsession de l'équipe éducative. Tous les sens sont sollicités : la vue, l'ouïe avec l'amplification, le toucher, voire l'odorat et le goût. Le mode de communication est totale, gestuel et oral en n'oubliant pas que 80% des parents d'enfants sourds sont entendants et que dans 15% des cas sur les 20% restants un des parents est sourd. Dans 5% seulement les deux parents sont sourds.

L'ensemble des facteurs rend impérative l'information des parents sur l'ensemble des possibilités éducatives et ce en toute objectivité, en dehors de l'obscurantisme qui règne encore dans les théories avancées par quelques exclusifs du geste et de l'oral pur.

REMERCIEMENTS

Nos remerciements s'adressent en premier lieu aux enfants sourds et à leurs parents. Ils nous ont prodigué depuis vingt ans des témoignages et des exemples sans lesquels notre travail n'aurait pas été possible.

Nous remercions aussi les collaborateurs qui ont permis que nous profitions de leur expérience auprès des enfants sourds. L'équipe du CAMSP F. Collomb et celle du Centre d'audiophonologie de l'hôpital Edouard-Herriot, à Lyon, particulièrement Nicole Bringuier et Jacqueline Girard, médecins audiophonologistes, dont les conseils nous ont été précieux.

Pour leur part, Josette Chalude, présidente de l'ANPEDA, Linda Ferrucio, interprète en Langue des Signes, et les responsables de l'IDDA nous ont permis de compléter notre documentation.

Jeanine et Paulette Maisse et Brigitte Burlet-Vienney accepteront qu'une sympathie complice accompagne nos remerciements.

Chapitre Premier

ASPECTS EXISTENTIELS

Il est très difficile à un entendant de se représenter l'univers mental de l'enfant sourd profond qui ignore totalement, et a toujours ignoré, le monde sonore. Le silence.

Lorsque vous fermez les yeux, vous ne recevez aucune information visuelle. Momentanément, vous ne voyez rien, comme un aveugle. Les analogies sont moindres si vous essayez de partager l'expérience des sourds. Bouchez-vous les oreilles, vous n'êtes pas dans le silence. Même dans une cabine insonorisée, vous percevez les bruits de votre corps (les battements cardiaques, la respiration, les déplacements). On imagine très difficilement le silence absolu.

Lorsqu'un individu qui n'a aucun handicap se trouve de façon passagère dans une situation de privation sensorielle (vue ou ouïe), ce qu'il vit n'est pas du tout comparable à ce que perçoivent les sourds ou les aveugles congénitaux. Il voit et entend mentalement, se réfère à ce qu'il a l'habitude de voir et entendre, aux schémas antérieurement acquis. Plongé brusquement dans l'obscurité, vous « voyez » rapidement les repères de l'espace ambiant. Seul dans un local insonorisé, vous percevez les bruits de vos pas, vos doigts qui tapotent, vous guettez des indices sonores, vous chantonnez, vous parlez tout seul. Vous

vous comportez comme un être entendant, même s'il n'y a rien à entendre. Vous possédez des références sonores. Le monde sonore, vous connaissez, il est en vous, vous le percevez même s'il n'y a aucun bruit. Vous avez essayé d'imaginer ce qu'est le silence, mais vous n'avez vécu qu'un aspect très partiel de l'expérience des sourds. Pour la comprendre, il faut redire des évidences : l'enfant sourd ne reçoit aucune stimulation sonore et n'en a jamais reçu ; il ne sait pas ce que c'est. Il n'a jamais entendu de langage. Il est évident qu'il ne va pas parler. Il lui est absolument impossible d'organiser un langage spontanément puisqu'il ne perçoit aucun modèle et que rien ne lui permet de savoir ce qu'est le langage. D'entrée de jeu, on sait que l'enfant sourd ne va pas acquérir le langage par « simple exposition » à un bain de langage, comme un entendant.

Si l'absence d'acquisition spontanée du langage est la conséquence la plus manifeste de la surdité, la plus préoccupante, les difficultés de l'enfant sourd ne se limitent pas au langage. C'est tout le monde sonore qui lui est étranger. Tout un pan de la réalité. L'absence d'afférences auditives est plus que la privation d'une voie prioritaire. Elle entraîne un aménagement différent, une distorsion de tout ce qui est perçu. Les répercussions dépassent le monde des sons, des bruits, du langage. Il faut tenir compte de cette dimension de la surdité : structurer le monde sans entendre. Une *vue du monde* différente.

Ce chapitre essaie de traduire le monde de l'enfant sourd, ses aptitudes et ses incapacités. Imaginons une situation extrême : l'environnement ne met rien en œuvre pour compenser le déficit de la surdité. L'enfant se trouve placé dans des conditions de relative sous-stimulation. Il ne reçoit que certains types de messages.

Carence de stimulation, d'informations, d'expériences relationnelles, d'expériences personnelles. Les potentialités sont normales mais non utilisées. La surdité est majorée, dramatisée par insuffisance de l'environnement.

Le plus souvent, l'entourage met en jeu, consciemment ou non, des stratégies qui visent à atténuer les insuffisances ; mais rien ne prépare les parents à cet aménagement particulier de leurs habitudes interactionnelles.

En fait, dès que le diagnostic de surdité est suspecté, puis connu, l'enfant ne se trouve plus dans des conditions standard. Il devient l'objet d'une attention particulière, d'un surentraînement ou, au contraire, suscite des réactions négatives, une gêne, une inhibition qui paralyse les proches, parfois de l'hostilité.

Lorsqu'on annonce le diagnostic aux parents, il faut toujours tenir compte de cette dimension ; c'est bien plus que le diagnostic d'une maladie puisqu'il engage toute la vie de l'enfant. On ne peut annoncer simplement que le bébé est sourd, comme un constat. Il ne s'agit pas d'attendre, de laisser le temps passer. Les parents sont engagés dès cet instant. Ils sont les partenaires essentiels de l'enfant et leur rôle est irremplaçable.

I. — **Le poids de la surdité**

Il faut bien préciser que les potentialités sont normales en tout, en dehors de la surdité. Tout est « préprogrammé » comme chez les autres. La croissance physique va être normale, les progrès moteurs peuvent l'être, l'intelligence est prête à fonctionner.

La faille est la surdité. Une voie afférente, une seule fait défaut, mais c'est une voie indispensable. Il ne suffit pas d'une prothèse pour que le problème soit résolu. L'enfant est équipé biologiquement pour acquérir le langage. Mais rien ne démarre si le langage ne lui est pas présenté sous une forme accessible. Pour évaluer les conséquences de la surdité profonde, il faut se référer aux connaissances générales sur le développement du tout-petit et sur l'acquisition du langage.

1. **Le développement précoce.** — Depuis les années 70, la psychologie du premier âge a attiré l'attention sur la précocité des aptitudes du jeune enfant et l'importance de comportements auxquels on n'avait pas été suffisamment attentif jusque-là. Notamment, la *compétence précoce du bébé*, biologiquement équipé pour traiter les informations qui empruntent différentes voies afférentes. A 2 ou 3 mois, le bébé tient son rôle, à sa façon, dans les interactions de routine avec l'adulte (Newson, 1974 ; Bruner, 1975 ; Trevarthen, 1976).

Bien avant d'accéder au langage, il acquiert avec les adultes familiers tout un *répertoire commun de comportements sociaux* : des regards, des gestes, des attitudes, des vocalisations qui véhiculent une signification permettant un ajustement réciproque des conduites, une attente des comportements d'autrui. Dans ce dialogue précoce, l'enfant sourd ne perçoit évidemment pas d'éléments vocaux.

L'enfant sourd n'est pas privé de ces échanges interpersonnels. Ceux-ci peuvent être aussi denses, aussi riches, aussi tendres. Mais ils sont différents, empruntant les voies afférentes autres que l'audition. Ils peuvent être satisfaisants sous l'angle de la relation, mais rien ne compense l'absence d'informations vocales.

Voilà qui doit être expliqué aux proches pour qu'ils comprennent mieux comment se comporter avec le tout-petit : tout un répertoire d'habitudes communes et de significations partagées commence à se mettre en place très tôt, au cours de la première année. Il ne faut pas manquer le moment. Les parents risquent d'ignorer l'importance de la précocité ; certains attendent que l'enfant « comprenne » ou qu'il soit appareillé, espérant que cela changera tout.

2. **Le fonctionnement du langage.** — Le petit enfant reçoit du monde extérieur des messages qui empruntent toutes les voies sensorielles. Les voies prioritaires, la vue et l'ouïe, peuvent informer même à distance. Plus accessoirement, mais de façon importante chez le tout-petit, le toucher, la sensibilité profonde kinesthésique (les caresses, les déplacements, les rythmes). Le bébé explore avec une polysensorialité archaïque : il regarde, tâte, renifle, suce, tète. Les informations sur l'univers proche perdent progressivement de leur importance à mesure que se structurent les perceptions auditives et visuelles.

Les récepteurs périphériques captent en même temps plusieurs types de messages. Il y a cumul. Lorsque tous les récepteurs fonctionnent, les informations sont redondantes. La réalité est construite à partir de *données polysensorielles*. Lorsqu'une voie est absente, il persiste encore tout un faisceau d'informations à partir desquelles l'enfant peut construire une image du monde plus ou moins cohérente, mais différente.

Le « fonctionnement » du langage implique l'intégrité d'*organes périphériques* (pour la réception, l'oreille ; pour l'émission, les organes de la phonation qui n'émettent pas spontanément des éléments de parole si l'enfant n'entend pas), et de *mécanismes centraux* d'une grande complexité, pris dans le réseau d'associations du système nerveux central.

L'information périphérique (des paroles par exemple) arrive à l'oreille sous forme physique, puis est transformée en influx nerveux. Ce pattern sur la voie auditive chemine jusqu'aux centres auditifs qui le reconnaissent comme un pattern-langage. Les messages auditifs parviennent au lobe temporal des deux hémisphères cérébraux, comme les messages d'autre nature aboutissent à d'autres régions spécialisées du cerveau. C'est dans le lobe temporal, essentiellement le lobe temporal gauche, que sont reçus les messages parlés. Cette région entretient un réseau d'association avec les régions-terminus d'autres voies afférentes, avec son homologue de l'autre hémisphère, d'autres régions qui interviennent à différents titres dans le langage, et avec les régions effectrices qui participent à l'émission de la parole.

Les informations auditives parviennent au cortex temporal des deux hémisphères. Il existe cependant une asymétrie anatomique et fonctionnelle :

— Anatomique : le Planum temporal gauche est nettement plus développé que le droit (étude macroscopique, N. Geshwind, 1968). Observation que confirme et complète l'étude microscopique (A. Galaburda, 1978) : dispositif cellulaire particulier, densité cellulaire. Cette asymétrie est déjà constatée chez le fœtus humain, elle ne peut donc être acquise.

— Fonctionnelle : les observations anatomo-cliniques confirment la spécialisation hémisphérique. Chez le droitier et la plupart des gauchers, l'hémisphère gauche est plus spécialisé pour le langage. L'hémisphère droit est cependant capable de certaines tâches linguistiques simples. En cas de lésions hémisphériques gauches, des tâches de dénominations, étiquetage et mise en correspondance mot-image, peuvent être conservées. Seul l'hémisphère gauche cependant est capable de tâches séquentielles impliquant une combinatoire d'une certaine complexité.

Si l'hémisphère gauche est lésé au tout début de la vie alors que le système n'a pas encore servi, que rien n'est câblé, intervient un réaménagement fonctionnel. Des territoires non prévus assument des fonctions pour lesquelles ils n'étaient en quelque sorte pas programmés. Dans ce cas, le langage fonctionne moins bien, en particulier sur le plan syntaxique (la combinatoire). Il en est de même si les fonctions de l'hémisphère gauche ne peuvent être mises en place à l'âge normal.

Comment se met à fonctionner le système du langage ? Dès les premières semaines, l'enfant accumule des expériences dans lesquelles intervient le langage. Il entend des mots, des expressions, des intonations, des éléments de langage dans des contextes précis et répétitifs. Le faisceau d'informations qu'il reçoit aboutit à des territoires cérébraux spécifiques et met en branle un réseau de neurones qui sont sollicités ensemble dans des situations répétitives. La vie quotidienne est l'occasion d'innombrables jeux associatifs qui assurent le câblage d'un système complexe dont les traces s'organisent bien avant que le bébé dise des mots.

Empruntant à P. Changeux l'image de la toile d'araignée pour rendre compte du développement synaptique des neurones (1), on peut se représenter que de nombreuses toiles sont déjà dessinées et enchevêtrées lorsque l'enfant commence à imiter ce qu'il entend dire.

L'enfant qui n'entend pas reçoit des informations tronquées. Une partie des messages lui parvient, mais il faut un coup de pouce extérieur pour qu'il arrive à établir une correspondance entre ces informations

(1) P. Changeux, L'homme neuronal, Paris, Fayard, 1983.

partielles et le système de la langue. Lui apprendre un langage n'est pas lui fournir des mots, c'est faire coïncider les formes de la langue avec le système d'associations qu'il est en train d'élaborer.

Existe-t-il une période privilégiée pour acquérir le langage ? Dans tous les domaines, les acquisitions de l'enfant suivent un programme. Ainsi, les structures de la langue se mettent en place pour l'essentiel entre 1 an et 3 ou 4 ans. Pendant cette période privilégiée, le langage va de soi. L'enfant parle naturellement sans que l'on ait besoin de le lui apprendre. Les progrès linguistiques sont pris en bloc dans tout ce qui s'organise pendant ces deux ou trois années, celles où l'enfant change le plus. Il y a alors concordance de phénomènes de différente nature :

— des éléments maturatifs ;
— l'insertion de l'enfant dans des habitudes sociales, des rituels de soins matériels, d'échange, de jeu avec les personnes qui l'entourent ;
— une logique des acquisitions perceptives, motrices, cognitives ;
— un élargissement des expériences personnelles, qui pousse à la découverte avec un appétit et un dynamisme exceptionnels.

Cette période privilégiée peut correspondre à *la spécialisation fonctionnelle de l'hémisphère gauche pour le langage*. A la naissance, la spécificité de l'hémisphère gauche n'est que potentielle, notamment pour les tâches séquentielles et syntaxiques (M. F. Berry, 1979 ; Dennis et Whitaker, 1975). Son fonctionnement devient prévalent à mesure que des messages répétitifs sollicitent des groupes neuronaux de plus en plus nombreux. Plus l'hémisphère gauche travaille, plus son fonctionnement se fixe et sa spécificité devient irréversible. La période privilégiée du langage coïncide avec le câblage intensif des trois ou quatre premières années. Les acquisitions langagières ne sont jamais aussi denses que pendant ces premières années. Dans les cas exceptionnels où l'enfant n'est exposé au langage qu'après cet âge, l'acquisition du langage demeure très imparfaite, comme s'il était alors trop tard pour que l'hémisphère gauche puisse développer toutes ses potentialités.

Les enfants sourds dont on s'occupe tardivement se trouvent dans une situation analogue. Non seulement ils n'ont vécu aucune expérience auditive langagière mais ils ont dépassé l'âge où le langage se met en place naturellement. Si un enfant n'a pas encore de langage à 5 ans, pour une raison ou une autre, tout va être bien plus difficile, imprévisible, incohérent. Ces réserves ne concernent pas uniquement les sourds, mais il est fondamental qu'une telle notion soit présente dans l'esprit de tous ceux qui s'occupent d'enfants sourds. Il faut se convaincre des risques qui pèsent lorsque ne sont proposés que des modèles de langue orale. Nous verrons que la communication gestuelle permet à l'enfant d'organiser en temps normal le système de significations et de relations qui ne lui est pas accessible aussi tôt par voie orale.

On peut comparer les conséquences de la surdité et celles d'autres handicaps sévères congénitaux. La *cécité* prive l'enfant de toutes les informations visuelles et entraîne une saisie du monde différente. L'enfant *handicapé moteur sévère* ne peut avoir les mêmes expériences motrices ; les afférences qui passent par le corps, celles qui sont liées aux déplacements et aux notions spatiales sont profondément modifiées et insuffisantes. Leur saisie du monde s'organise différemment, suivant leurs particularités perceptives et motrices, comme pour l'enfant sourd. Leur situation est cependant tout à fait différente en ce qui concerne le langage, même si l'acquisition en est un peu différée. En effet, seul le canal auditif est absolument indispensable pour le langage : les problèmes des sourds ne ressemblent en rien à ceux des enfants qui ont d'autres handicaps.

II. — Une « vue du monde » différente

Dès le début de la vie, il est possible que l'absence d'audition prive lourdement l'enfant. Dans l'intimité des relations avec l'adulte, le fait de ne pas entendre élimine tous les messages auditifs. Le répertoire des sourires, des regards, des mimiques, des imitations, des ajustements tonico-posturaux ne devrait pas être modifié ; on peut imaginer que la plupart des enfants établissent malgré la surdité une relation satisfaisante avec l'adulte (2).

Théoriquement, rien n'empêche que démarrent normalement des échanges avec autrui, les habitudes ritualisées de la vie quotidienne, l'intérêt que le bébé va progressivement porter à autrui et aux choses. Dans quelles situations vont apparaître les différences ? Comment et quand le bébé sourd se montre-t-il défavorisé ?

— Ces jeux précoces avec l'adulte, le bébé sourd les vit « en muet », sans l'accompagnement du discours qui, dès les premiers jours de la vie, ponctue les mo-

(2) On observe parfois que certains bébés sourds utilisent peu le regard tant pour communiquer avec leur mère que pour explorer (travaux de J.-C. Lafon et S. Vinter, 1983). Ils se comportent comme s'il n'y avait rien d' « intéressant » à percevoir. L'appareillage et l'éducation perceptive précoce permettent souvent un démarrage de l'éveil et des comportements de communication.

ments de contact. Sans connaître la voix, alors qu'un bébé entendant réagit à la voix dès ses premiers jours. Le bébé sourd reconnaît un visage familier, dès ses premières semaines, comme les autres enfants, mais c'est un visage sans voix.

— Il commence à 2 ou 3 mois à émettre des sons. C'est *une ébauche de babil* mais il ne s'entend pas, n'entend pas les imitations et commentaires de l'adulte, les réponses et les invites. Il en résulte que ses émissions vocales restent limitées, n'évoluent pas comme celles de l'enfant entendant qui se modèlent sur celles de l'adulte. Le babil est souvent inharmonieux et s'éteint.

— Il n'entend pas les modèles du langage, ne pourra donc pas apprendre à parler « tout seul ».

1. **Les parents médiateurs.** — On ne peut connaître ce que ressent le bébé. On suppose que la privation d'afférences auditives n'est pas sans conséquences dans l'établissement des relations précoces, mais on ne sait au juste ce qui fait défaut. On peut comprendre par contre le poids de la surdité pour les parents qui sont les partenaires essentiels du bébé et doivent s'adapter à cette situation inhabituelle. C'est sur eux que repose en grande partie le devenir de l'enfant. Ils sont les intermédiaires obligés entre l'enfant et le monde environnant, des médiateurs en quelque sorte.

Certains ont des doutes avant même que l'on évoque la surdité. Ce bébé ne réagit pas comme les autres. Ils le trouvent bizarre, accrochent mal son regard. C'est un sentiment d'étrangeté jusqu'à ce qu'ils notent des détails plus évocateurs : le bébé ne bronche pas quand une porte claque, ne tourne pas la tête quand on l'appelle. Ils ne pensent pas d'emblée que l'enfant peut être sourd, mais le soupçonnent de lenteur, de retard, ce qui dérange parfois plus encore.

Certains n'osent pas chercher tout de suite la confirmation de leurs doutes.

Tous ne réagissent pas de la même façon. Supposons que les parents soient informés de la surdité dans des conditions aussi bonnes que possibles : il n'existe pas d'avis contradictoires, d'attentes angoissantes, de maladresse, de paroles blessantes. Il faut un certain temps pour « réaliser », s'adapter à un tel problème. Cette nouvelle est toujours porteuse d'angoisse mais aussi pour certains de culpabilité, de désarroi. Les attitudes diffèrent :

— Certains ne s'attendent pas du tout à apprendre que l'enfant est sourd. Pour eux, la nouvelle est brutale, incroyable. Il leur faut le temps de s'habituer.

— D'autres s'en doutaient. Ils avaient remarqué que l'enfant ne réagissait pas au bruit. On leur confirme qu'ils avaient vu clair. Ils sont déjà préparés à l'idée. Même si, en demandant un avis, ils gardaient l'espoir de s'être trompés, ils ont déjà fait le pas. Ils sont prêts et feront ce qu'il faut pour aider l'enfant.

— Il existe aussi des parents qui nient la réalité. Pour eux, cela n'est pas possible. Il existe des enfants sourds, mais pour le leur c'est différent. Il ne peut pas leur arriver une chose pareille. Ils gardent leur idée et se raccrochent à des détails dérisoires, persuadés que le bébé tourne les yeux lorsqu'on produit certains bruits. Ils nient l'évidence. « Cela n'arrive qu'aux autres. » Cette blessure-là dépasse ce qu'ils peuvent supporter. Il est difficile d'obtenir leur participation, même s'ils font en apparence des efforts pour ne pas contrarier l'éducation spécialisée.

Les parents veulent comprendre ce qu'a l'enfant et pourquoi. Ils ne possèdent aucune information au départ. Comment peut-on vivre en étant sourd ? Comment arriver à communiquer ? Ils doivent comprendre en même temps qu'ils vont jouer un rôle exceptionnel et qu'il faut y penser dès maintenant. Ces explications constituent tout un discours sur les aspects médicaux et techniques, éducatifs et psychologiques.

Ce discours « doctoral », même si l'on s'y applique, ne répond qu'en partie aux problèmes des parents. Ils ont aussi besoin de sentir qu'ils ne sont pas isolés et que l'on respecte leur chagrin et leur désillusion (C. Lepot-Froment).

Cet enfant n'aura pas l'avenir qu'ils avaient plus ou moins rêvé. Ils doivent s'ajuster à cette nouvelle réalité avec tout ce qu'elle a de frustrant.

Cet adulte blessé est le partenaire principal de l'enfant. Il arrive qu'il soit dérouté, ne sache plus comment s'y prendre avec le bébé. Doit-il continuer à chanter, à lui parler, à rire et le faire sauter ? La gêne glace certains. C'est une réaction transitoire et, somme toute, normale. On dit tant qu'il faut s'occuper du bébé et le faire précocement que certains le surstimulent exagérément. On retrouve toutes les variantes des comportements de parents, amplifiés par le fait que le handicap de l'enfant focalise leur attention, les incite à s'appliquer plus et à réfléchir.

Personne n'échappe aux idées folles. Quel que soit leur niveau d'instruction, les parents glanent des informations fausses, tronquées, déformées, à droite et à gauche ; ils sollicitent des avis multiples auprès de spécialistes officiels ou parallèles. Toutes les fois que l'on soupçonne une histoire grave, rien n'est plus rationnel. Personne n'échappe au trouble mythique qui brouille et masque la réalité.

Les comportements s'ajustent bien plus simplement lorsque le bébé sourd a des parents sourds. La communication va de soi entre eux. Mais les parents sourds ont souvent à surmonter d'autres inquiétudes. Ils sont angoissés à l'idée qu'ils ne peuvent entendre leur bébé appeler ou pleurer. Sachant qu'ils ne perçoivent pas les signaux sonores émis par le bébé, ils seront plus vigilants.

2. **Eveil au monde, intelligence, cognition.** — Reprenons le développement du bébé entendant de 4 ou 5 mois, lorsqu'il acquiert la préhension, peut saisir un objet proche, multiplier les expériences perceptives et motrices. L'adulte encourage le progrès, se fait le complice de l'enfant dans sa découverte du monde environnant, puis peu après dans ses déplacements, lorsqu'il rampe sur le sol pour attraper un objet attractif puis marche et part à la conquête de l'espace. L'enfant et l'adulte ne vivent plus « les yeux dans les yeux » dans l'intimité des premiers mois, mais se tournent vers ce qui les entoure. Leur *interaction conjointe* structure les expériences personnelles de l'enfant dans un climat de

— jeu, plaisir, enthousiasme, rire qui stimule son intérêt, maintient son attention, l'encourage à poursuivre, aller plus loin ;
— avec un commentaire verbal qui ponctue tous leurs jeux et activités communes ; l'adulte dit le nom des choses, en parle, les décrit, répète, redit, fait des digressions ;
— dans de petites routines ludiques communes, avec des échanges d'objets et leurs invites gestuelles et verbales : *à toi, à moi, non, non, c'est à moi !* On tend la main : *donne à maman ! caché ! coucou !*

Qu'en est-il chez le bébé sourd ? Les partenaires sont les mêmes. Le champ des possibilités identique. Le plaisir d'être ensemble et de jouer est le même. Il manque cependant la dimension sonore et en premier lieu *le commentaire verbal.*

Si l'adulte est soucieux de fournir à l'enfant beaucoup de jeux, beaucoup d'occasions d'observer, de repérer des analogies, d'acquérir des habiletés, l'enfant va développer des compétences et s'engager comme un autre dans l'acquisition des anticipations et des déductions. Les activités précoces prennent ici beaucoup plus d'importance que chez l'enfant sans problème. Si l'environnement n'est pas stimulant, l'enfant aura un éveil lent, il s'intéressera moins, ce qui va entraver son devenir.

Les travaux antérieurs aux années 60 faisaient tous état d'une infériorité des sourds par rapport aux entendants. Jusqu'à cette période, et souvent au-delà, la plupart des enfants sourds vivaient dans une situation de sous-stimulation pendant la petite enfance, ignorant que l'on était de l'importance de cette période.

De très nombreux travaux ont été consacrés à cette question :

— des études très fouillées se limitant à certains items de tests ;
— des études comparatives sourds-entendants appariés par le sexe, l'âge et les conditions socioculturelles ;
— de grandes enquêtes couvrant d'importantes populations comme celle de R. Conrad rapportée plus loin.

Les idées sur la psychologie du premier âge et sur les possibilités des sourds ont évolué. On ne perçoit plus l'organisation intellectuelle des sourds en termes de retard.

Jusqu'aux années 60. — Les sourds sont considérés comme défavorisés, intellectuellement inférieurs. On parle même alors de « handicap intellectuel » du sourd (3). Oléron (1950) traduit clairement ce point de vue : « Pour un même âge, le sourd se trouve inférieur à l'entendant et il faut qu'il soit plus âgé que lui pour arriver au même niveau. » Cette affirmation est nuancée par : « un retard n'a pas d'importance

(3) Les principaux travaux en langue française sont réunis par P. Oléron et H. Herren, 1967 et sq. Notamment dans P. Oléron, Langage et développement mental, Bruxelles, Mardaga, 1972.

s'il peut être rattrapé », mais rien ne précise que le retard du sourd soit rattrapable. Il est donc admis que les sourds obtiennent des résultats inférieurs dans les différents tests psychométriques utilisés :

— épreuves non verbales utilisées également pour les entendants : dessin du bonhomme, figure de Rey, échelle de performance du test de Wechsler, cubes de Kohs, labyrinthes, test sans langage Borel-Maisonny ;
— épreuves particulièrement adaptées aux sourds :
  — le test d'aptitude à l'apprentissage de Nebraska (1941, 3 à 11; 6 ans)
  — l'échelle de performance de Borelli-Oléron (révision 1964, 4 à 8 ans)
  — l'échelle de performance de Snijders-Oomen (révision 1962, 4 à 16 ans).

L'infériorité des enfants sourds est alors attribuée à différents facteurs. Pour certains, la pensée concrète, liée aux perceptions immédiates, ne peut égaler le niveau de complexité d'une pensée qui s'est organisée en même temps que le langage. D'autres insistent sur le flou de la pensée, l'imprécision des limites figure-fond, ou encore sur une certaine rigidité psychique avec des persévérations. Ou sur une instabilité qui entrave toute réussite, compromet la mémorisation.

Ces particularités sont hétérogènes et nullement spécifiques. Des difficultés analogues sont décrites chez des *enfants dysharmoniques* (4) ou porteurs d'un *syndrome de dysfonctionnement cérébral minime*. Il ne faut pas en conclure que l'enfant sourd appartient à ces catégories nosologiques. Mais tous ces enfants ont en commun de ne pas suivre exactement les schémas de développement classiques (hypothèse conforme à l'interprétation de Myklebust, 1960). Une faille

(4) P. Aimard, Les troubles du langage chez l'enfant, Paris, Presses Universitaires de France, coll. « Que sais-je ? », 1984.

dans le système entraîne des réaménagements fonctionnels dont nous ne savons pas détecter très finement les mécanismes.

Depuis les années 60. — La question est abordée en termes nouveaux. La surdité s'accompagne souvent d'une forme d'intelligence particulière. Au fond, cela va de soi et la question n'est pas tellement de connaître le quotient intellectuel (du reste que mesure-t-on ?), mais de savoir s'il est possible de saisir ce qui diffère.

« Ce qui diffère » s'explique comme chez les entendants : l'*équipement neurobiologique* est hétérogène. Il en résulte des particularités perceptivo-motrices, des dysfonctionnements qui troublent les apprentissages. Depuis les années 1965-1970, à la suite des auteurs anglo-saxons, certaines difficultés sont interprétées comme *learning disabilities* (analogues à la gêne des dysfonctionnements cérébraux minimes). Ces vues correspondent dans le temps avec l'intérêt porté au développement préverbal et à l'éducation précoce.

Une littérature considérable a été consacrée à ce sujet. Dans plusieurs publications, Furth (1964-1971) a repris l'essentiel des travaux sur ce thème (5). Il analyse et résume 84 études.

Sur les nombreux critères retenus, 62 sont similaires chez les sourds et les entendants, 44 diffèrent légèrement. Les divergences théoriques sont telles qu'aucune interprétation générale ne peut en être donnée. Certains auteurs s'étonnent par exemple que des enfants sourds de 3 à 9 ans égalent les entendants pour résoudre des tâches qui sollicitent découverte et transfert de règles, des stratégies qui, suivant les idées reçues, sont facilitées par des médiateurs verbaux. Cette réussite laisse penser que les enfants sourds ont recours *à d'autres modalités symboliques*, ce qui est peut-être le trait le plus marquant du fonctionnement psychique des sourds et le domaine qu'il nous est le plus difficile de saisir.

(5) H. G. Furth, Thinking without language. Psychological implications of deafness, New York, Free Press, 1966 ; H. G. Furth, J. Youniss, Congenital deafness and the development of thinking, *in* E. H. Lenneberg, Foundations of language development, New York, Academic Press, 1975.

A travers l'inventaire de Furth et d'autres travaux, deux types d'hypothèses tentent d'expliquer les particularités des sourds. Leur infériorité dans certaines épreuves s'expliquerait :

— soit par l'infériorité linguistique ; l'apparition tardive du langage, sa relative pauvreté, son manque de mobilité empêchent d'accéder à certains modes de raisonnement ;
— soit par des difficultés indépendantes du développement linguistique portant sur l'élaboration de relations logiques peut-être par insuffisance d'entraînement personnel pendant la première enfance (Furth).

Les enfants sourds réussissent moins bien des *tâches motrices* ou des *jeux*. Le traitement des informations de différentes natures n'est pas aussi rapide et efficace (S. Vinter, 1982). Dans une situation qui appelle des réactions rapides, le feedback immédiat intervient moins. L'enfant sourd est plus lent pour élaborer de nouvelles stratégies lorsque ses hypothèses initiales échouent. On peut s'interroger à ce sujet. Il est possible que l'enfant entendant développe naturellement de façon beaucoup plus automatique des comportements où interviennent hypothèse-erreur-correction dans la mesure où ce fonctionnement est sollicité continuellement dans la construction du langage. Il n'en est évidemment pas de même chez l'enfant sourd dont le langage se construit par apport extérieur.

Ces différentes interprétations ramènent immanquablement à la question du codage : *en quoi les sourds pensent-ils ?* Question vaine, tout comme celle que l'on peut formuler sur la pensée des mathématiciens ou des musiciens qui dérangent nos habitudes d'entendants qui ont toujours pensé en langage.

On peut imaginer que l'enfant sourd organise d'autres représentations symboliques qui lui permettent de penser avant d'avoir le moindre langage et sans passer par le support du langage.

Les écarts entre sourds et entendants peuvent s'expliquer sans doute par des différences qui s'inscrivent au cours de la petite enfance. Très dépendant de l'entourage, l'enfant sourd est plus vulnérable. Toute insuffisance, toute carence (d'attachement, de soins, de stimulation, d'expériences personnelles) va laisser des traces. Cette interprétation n'exclut pas que dans certains cas débilité mentale et surdité puissent coexister.

Il est plus difficile encore de se représenter l'univers d'*enfants sourds atteints d'un autre handicap*, ce qui n'est pas exceptionnel, particulièrement les *enfants sourds-aveugles* (6). Ces enfants sont, on l'imagine, très lourdement handicapés d'autant qu'ils sont de surcroît souvent hypotrophiques et de santé fragile (7). Ils ne reçoivent aucune information sur le monde qui les entoure. Rien ne leur permet d'organiser une idée de la réalité, ou des personnes proches. Les afférences qu'ils reçoivent se limitent à leur corps, ses contacts, au toucher, aux vibrations. Sans aide précoce, ils ne perçoivent rien d' « intéressant ». Sans intervention de l'entourage, ils restent passifs, étrangers à ce qui les entoure. Leur activité se limite à quelques mouvements stéréotypés autocentrés. Ils sont très anxieux, n'arrivant pas à capter les quelques signaux qui les informeraient sur les modifications ambiantes.

Eux aussi ont initialement à la naissance une intelligence qui pourrait évoluer normalement. L'évolution exceptionnelle de Helen Keller montre qu'en réunissant les conditions les plus favorables un enfant sourd-aveugle peut développer des qualités intellectuelles et

(6) C'est la rubéole maternelle pendant la grossesse qui reste responsable de deux tiers des cas de surdité-cécité congénitale.

(7) L'association surdité-cécité est rare. 1 sur 5 595 diagnostics de surdité (J. Coll, M. Dumoulin, J. Souriau, 1981).

humaines hors du commun. C'est là un cas exceptionnel et le handicap n'était pas congénital, ce qui a modifié totalement les possibilités évolutives (8). Dans la pratique, l'association de surdité et cécité est bien plus que le cumul de deux handicaps ; chaque déficit empêche en effet le recours à l'autre voie qui pourrait jouer un rôle compensatoire. L'enfant aveugle perçoit la dimension sonore du monde. L'enfant sourd voit. Tout cela disparaît chez le sourd-aveugle.

La surdité peut être associée à d'autres handicaps. Dans chaque cas l'organisation relationnelle et cognitive prend un tour particulier. La surdité s'accompagne parfois :

— *De troubles moteurs.* — Soit troubles banals comme un retard des acquisitions motrices, une hypotonie, une maladresse. Soit troubles spécifiques comme les séquelles motrices d'atteinte cérébrale précoce (enfants infirmes moteurs cérébraux). Les conséquences du déficit moteur s'ajoutent alors à la surdité : enfants qui ont peu ou n'ont pas d'autonomie de déplacement et manquent d'initiatives exploratoires, contrainte des rééducations précoces prolongées.

Les séquelles motrices affectent parfois directement des territoires qui interviennent dans la parole, entravant l'articulation, les mouvements respiratoires et la phonation. Les deux pôles périphériques du « circuit du langage » sont alors affectés : l'audition et la production motrice de la parole, ce qui compromet lourdement l'évolution. Là aussi les deux handicaps n'interviennent pas simplement par addition ; le cumul

(8) H. Keller est devenue sourde et aveugle à 19 mois à la suite d'un épisode fébrile qui est décrit comme « acute congestion of the stomach and brain » dans son autobiographie (The story of my life, London, Hodder and Stoughton, 1959, 1re éd., 1903).

des difficultés qu'ils entraînent est toujours infiniment plus sévère.

— *De troubles intellectuels.* — Il existe chez les sourds comme chez les entendants un certain nombre d'enfants débiles mentaux, légers, moyens ou profonds. De plus l'affection responsable de la surdité peut être à l'origine de déficience plus ou moins sévère des facultés intellectuelles. C'est le cas par exemple de la prématurité qui peut affecter plusieurs systèmes. La débilité n'influence pas fondamentalement le vécu de l'enfant sourd, mais elle modifie totalement le pronostic. A aide équivalente, l'enfant sourd débile mental va tirer un profit très différent de la rééducation ; tout va être plus lent, moins spectaculaire. Il faut beaucoup plus répéter, solliciter, s'assurer que tout est compris. Les difficultés affectent la mémoire à court et à long terme, l'évocation, la mobilité de l'acquis (souvent acquisitions rigides, formules toutes faites, « par cœur »), l'envie d'apprendre.

— *De troubles du comportement* dont il est souvent difficile de dire s'ils sont associés à la surdité ou s'ils en sont la conséquence.

— *De troubles essentiels du langage.* — Cette association peut sembler paradoxale dans la mesure où le langage est précisément la difficulté fondamentale du sourd. Ce paradoxe n'est qu'une apparence. En effet, ceux qui s'occupent d'enfants sourds se sont tous heurtés à certaines situations incontournables : des enfants sourds pour lesquels sont réunies toutes les conditions optimales — appareillage précoce, aide précoce adaptée, enfant intelligent, désireux de communiquer, famille idéale — et qui n'arrivent pas à parler. Cette incapacité se rapproche de celle d'enfants entendants qui, eux aussi, contre toute attente, alors qu'ils ne présentent aucun déficit net, n'arrivent pas à élaborer un langage (on parle de *dysphasies sévères* ou d'*audimutités*). Tout laisse penser que ces enfants qui n'arrivent pas à parler auraient eu des problèmes de langage même si leur audition avait été normale. On peut interpréter ce handicap comme un trouble perceptif (la perception des formes de la langue), ou un trouble d'évocation (l'évocation à l'esprit des structures de langage que l'enfant a élaborées « dans sa tête ») qui pourraient être liés à un dysfonctionnement cérébral. Il est imaginable qu'un enfant soit initialement mal équipé biologiquement pour acquérir le langage, et de surcroît sourd.

3. **Ajustement au monde.** — Il suffit de les regarder évoluer : certains sourds sont harmonieux, se déplacent avec naturel et semblent « bien dans leur peau ». D'autres, au contraire, nous semblent gauches, rigides. Confort ou inconfort ne sont pas propres aux sourds, mais beaucoup de sourds sont mal à l'aise.

Qu'en est-il lors de l'enfance ? Comment la surdité peut-elle influencer le confort corporel et intérieur de l'enfant ? Nous verrons ce qu'il en est au niveau du corps, de la motricité, des contacts avec le monde environnant — les objets, les personnes —, des acquisitions spatiales et temporelles, des expériences vitales et des comportements.

Les travaux antérieurs à l'éducation précoce traduisent pour la plupart *un retard des progrès moteurs* chez l'enfant sourd : marche, autonomie, manipulation. Il s'agit d'un retard, mais surtout de maladresse, raideur, brusquerie. La marche est lourde, en traînant les pieds ; les gestes saccadés, impatients. Dans ses activités, ses jeux, l'enfant laisse tomber, renverse, est brouillon. Le contraste est évident entre des enfants sourds de 2 ou 3 ans appareillés qui, grâce à des activités perceptivo-motrices, ont acquis une certaine aisance corporelle et un enfant qui est « nouveau ». Au milieu des enfants « à l'aise » celui-ci paraît raide, brusque, se déplace lourdement (S. Vinter, 1982).

Les difficultés que l'enfant rencontre dans son corps, ses mouvements, ses déplacements peuvent être diminuées si l'on y est attentif. Il n'y a aucune raison pour que l'enfant sourd soit défavorisé sur le plan moteur. C'est l'acquisition de pratiques corporelles et gestuelles qui est gênée lorsqu'on vit sans entendre. Deux explications interfèrent :

— *L'absence de contrôle auditif.* — L'enfant n'entend pas le bruit de ses pas, ni la dimension sonore de ses activités (les objets qu'il manipule, le jouet qui tombe, la balle qui rebondit). Il ne maîtrise pas l'autocontrôle auditif de ses activités motrices.

— *Des difficultés de freinage émotionnel.* — L'enfant sourd manifeste souvent plus d'appréhension et de peur. Il a peur de se lancer, peur de marcher, de sauter, de se salir, de se mouiller, de casser des objets. L'enfant entendant est constamment encouragé et stimulé par des commentaires et des apaisements verbaux qui l'invitent à aller de l'avant. Lorsqu'il hésite à marcher sans appui : *allez, allez, viens, viens, bravo, maman t'attend !* Le discours donne confiance. L'enfant sourd ne perçoit qu'une part infime de ces encouragements, d'autant qu'au moment où il a besoin d'être rassuré son attention est centrée sur l'action qui se déroule. Il ne regarde pas l'adulte.

Une aide précoce peut atténuer et éviter l'inconfort

des enfants sourds. Cet inconfort est manifeste dans leur corps, les déplacements, les activités motrices, l'exploration des objets et du monde environnant. A première vue, la surdité ne devrait pas affecter tellement *la perception de l'espace*. Et cependant, l'enfant sourd est privé de tout un aspect des expériences précoces répétitives qui permettent de construire l'univers, d'orienter, d'évaluer les distances et les positions. La fonction binaurale permet de localiser les objets sonores. L'enfant qui entend un bruit ébauche un mouvement dans sa direction, cherche sa source, étonné s'il ne trouve pas d'explication. C'est par l'accumulation de nombreuses expériences répétitives que s'organise une certaine vue de l'espace environnant. La dimension sonore fait défaut à l'enfant sourd qui ne dispose que de repères visuels, tactiles et kinesthésiques, sans même percevoir les phénomènes d'échos qui inconsciemment nous renvoient des perceptions contribuant à l'exploration spatiale.

Dans son environnement matériel et *dans ses relations avec les autres*, l'enfant sourd possède toute *une gamme de réponses adaptatives*. Il en est de même pour les enfants entendants, avec aux deux extrêmes les inhibés-mal-à-l'aise et les heureux-décontractés. La surdité rend tout un peu plus difficile, elle caricature les réponses. Chez l'enfant sourd, les extrêmes seront plus contrastés, certains nous semblent « comme des poissons dans l'eau », d'autres « écorchés vifs ».

Avec les proches, les relations peuvent être très simples. La surdité introduit cependant souvent des difficultés de *comportement*, de *caractère*, qui n'ont rien de spécifique mais sont un peu plus fréquentes que chez d'autres enfants.

Les parents trouvent parfois difficilement le ton juste avec un enfant qui a un handicap, quel qu'il soit.

Il n'est déjà pas facile avec un enfant sans problème de doser ce qui peut permettre un développment harmonieux. On aide et protège l'enfant tout en l'encourageant à devenir autonome. Les parents hésitent beaucoup plus entre protection-frustration et aide-autonomie lorsque l'enfant n'est pas vraiment équipé pour se débrouiller seul, ce qui est le cas ici. Il arrive surtout que l'attitude des parents ne soit pas constante, qu'ils oscillent entre des extrêmes. Tour à tour ils surprotègent puis laissent faire n'importe quoi. Rien ne prépare l'enfant à se prendre en charge avec continuité. Lui aussi passe par des hauts et des bas. Il s'agit là de problèmes généraux que la surdité avive.

C'est évidemment l'absence d'audition qui, avec ses différentes conséquences, va avoir les répercussions les plus éprouvantes. L'enfant ne comprend pas ce qu'on lui dit. Il ne peut pas exprimer ce qu'il voudrait. Avec les familiers, il existe un réseau de significations communes qui, en contexte, par des gestes, des mimiques, suffit aux échanges courants. Mais le niveau de ces échanges ne peut évoluer. Un enfant sourd de 3 ou 4 ans intelligent, coopérant, avide de faire comme les autres se trouve à peu près au même niveau qu'un enfant « préverbal » de 12 ou 18 mois pour ce genre de communication. Certains ont sans doute une conscience vague de tout ce qui leur échappe. On sent derrière un sourire de façade la rage, la tension, la dignité offensée qu'éprouve un tel enfant incapable de comprendre le jeu qu'on lui explique alors qu'il meurt d'envie d'y participer.

L'absence d'audition impose des contraintes à la communication. L'*espace de la communication* est forcément celui de la proximité absolue. Le contact visuel est indispensable, que ce soit pour la lecture labiale ou la communication gestuelle. On ne peut communiquer qu'après avoir attiré l'attention de l'interlocuteur (une petite tape, un contact physique direct), face à face ou à peu près.

Ces règles vont entrer en contradiction avec le fait que, en grandissant, l'enfant met une certaine distance entre l'adulte et lui. L'adulte encourage son autonomie, sans perdre le contact. Rester en ligne. C'est difficile.

L'enfant sourd est bien plus frustré encore dans ses contacts avec les enfants entendants. Il n'y a pas trop de difficultés lorsqu'il fréquente les petites classes de l'école maternelle ; les enfants entendants eux-mêmes ne parlent pas beaucoup entre eux en jouant. Avec les proches, on se comprend plus ou moins en se fiant aux habitudes acquises. Dès que l'on sort du groupe familial, tout est remis en question. Tout au long de sa vie le sourd aura à « encaisser » des frustrations liées aux difficultés de communication. S'il arrive à acquérir un langage oral suffisant, celui-ci ne sera pas toujours compris par des personnes qui n'y sont pas habituées. La lecture sur les lèvres permet à de nombreux sourds de comprendre à peu près la parole des entendants, du moins dans le cadre d'une conversation tranquille à deux. Mais le sourd perd pied si le débit s'accélère, si plusieurs locuteurs interviennent et discutent entre eux. Alors, le sourd ne comprend plus, se sent exclu et privé. Il s'agit cependant d'un sourd favorisé qui arrive presque à utiliser le langage oral.

A partir de 2 ans et demi, 3 ans, l'enfant entendant *pose des questions*. L'adulte s'efforce de lui répondre, mais il tombe parfois à côté. Les explications ne répondent pas toujours à la demande, on ne trouve pas forcément le registre qui conviendrait. L'adulte est bien plus désemparé et maladroit encore avec l'enfant sourd. Celui-ci a des mimiques interrogatives ; il est évident qu'il demande quelque chose, mais quoi ?

L'adulte est désemparé devant les questions dérangeantes et pathétiques qui déferlent lorsque l'enfant grandit. Elles concernent le monde sonore que l'enfant ne peut imaginer (la musique, le chant...) et surtout la surdité elle-même. Certains croient qu'ils sont nés sourds et que cela va s'arranger, ou que tout le monde est sourd au début et que l'on entend plus tard. Il est toujours difficile d'expliquer à l'enfant qu'il n'entendra jamais.

L'absence d'audition prive aussi l'enfant sourd de *tous les commentaires* et de *toutes les explications verbales*. C'est ainsi que manque le flot d'informations qui flottent autour des activités quotidiennes : l'adulte raconte, décrit, fait des digressions sur ses activités, entretenant un bain linguistique et cognitif qui accompagne toutes les routines quotidiennes.

Le manque d'explications verbales a d'autres conséquences encore. Prenons un exemple. Tranquillement assis par terre, l'enfant joue avec une pelote de laine, comme un petit chat. Il tire les fils, suce, bave, embrouille tout. Votre arrivée ne l'interrompt même pas.

Vous disposez de toute une gamme de réactions. Vous retirez la laine sans commentaire ou en glissant un autre objet dans les mains de l'enfant pour éviter les pleurs. Vous disputez en criant. Vous tapez sur les doigts. Vous vous mettez en colère et il n'y comprend rien. Vous lui expliquez qu'il abîme la laine et que cela vous ennuie. Cette dernière attitude ne met pas à l'abri des rechutes, mais elle a des avantages. Elle explique *le permis et le défendu* et aide l'enfant à comprendre que le défendu n'est pas obligatoirement arbitraire. Ces petits incidents se renouvellent fréquemment. Vos réponses diffèrent-elles lorsque l'enfant est sourd ? Spontanément, vous avez moins recours à l'explication verbale. Les réponses aux « sottises » sont plus entières, moins nuancées. A quoi bon faire des commentaires, l'enfant comprend bien que c'est défendu.

Si l'adulte se comporte chaque fois de façon sommaire et non spécifique (tape ou crie quelle que soit la bêtise), l'enfant reçoit, au fil du temps, des réponses très peu diversifiées et perçoit moins quel rapport existe entre son comportement et celui de l'adulte. Dans l'histoire de la pelote de laine, l'essentiel peut être exprimé par des mimiques et des gestes. Mais *les limites permis-défendu* sont parfois plus difficiles à faire passer.

Cette difficulté est majorée par le fait que l'information doit passer instantanément, à un moment précisément où l'enfant est très peu réceptif même s'il est censé comprendre un peu ce qu'on lui dit.

Même si vous avez atteint dans les situations courantes un niveau de communication suffisant, vous sentez que, dans les moments critiques, lorsque l'enfant est submergé par l'inquiétude, la colère, l'impuissance, vous allez être incapable de l'aider. C'est précisément dans ces situations-là que l'enfant entendant peut être apaisé par des paroles. Même si elles ne signifient pas grand-chose objectivement, l'enfant ne réagit pas de façon immédiate, ne se laisse pas convaincre. Le ton des paroles diminue ses tensions, montre simplement que vous n'êtes pas profondément fâché. Avec un enfant sourd, ce qui se passe est sans nuance : l'adulte cède ou refuse, il ferme les yeux ou punit.

Des parents d'enfant sourd apportent leur point de vue vécu, et « de bon sens » sur le problème éducatif (citation empruntée à C. Lepot-Froment, dans son recueil, *L'enfant sourd raconté par ses parents*, Louvain-la-Neuve, 1981) :

« Une petite claque, de préférence ! Mais il faut bien que l'enfant puisse comprendre que tout ne peut lui être permis. Il faut beaucoup de fermeté avec le jeune enfant sourd. Comment est-ce possible de laisser tout faire à un enfant ? Il faut qu'il sache qu'il y a des règles. Parce que, par après, il faudra qu'il travaille beaucoup, qu'il fasse de grands efforts s'il veut réussir à l'école et dans la vie. Comment les fournira-t-il si, dans la petite enfance, il n'a pas été habitué à ce qu'on exige certaines choses de lui ? »

Les *indices prosodiques et rythmiques* qui sont majorés lorsque le discours véhicule des ordres, des reproches, des critiques, échappent à l'enfant sourd, ce qui ne facilite pas l'apprentissage des limites, des conventions sociales et interpersonnelles. Il perçoit sans doute d'autres indices corporels et mimiques auxquels les entendants ne sont pas sensibles.

L'audition joue un autre rôle encore. Elle nous informe tout au long de la journée *des modifications de l'environnement*. Seule l'audition permet de capter certains *signaux avertisseurs*. Nous vivons l'oreille « ouverte », aux aguets, prête à saisir ce qui se présente même si la vigilance est flottante et si nous n'avons pas conscience d'être en alerte.

Dès 4 ou 5 mois, le bébé entendant réagit aux bruits familiers : les pas approchent, la porte s'ouvre, les préparatifs du biberon, de la promenade. En grandissant, il prend l'habitude de prévoir ; il sait d'avance ce qui se prépare, se réjouit quand il entend quelqu'un s'approcher. Ces bruits familiers qu'il reconnaît constituent un réseau de significations, les bases de relations temporelles (la succession des événements) et causales.

Dans la vie de tous les jours, les paroles de l'adulte se mêlent à ces bruits et contribuent largement à l'organisation des *repères temporels* et des *relations causales*. A mesure que l'enfant perçoit les bruits du biberon qui se prépare, il entend sa mère qui le fait patienter : *attends, attends, mais oui, maman se dépêche, tu vas voir, ça sera bientôt prêt...* Indices sonores et parole avertissent, apaisent, permettent d'attendre de façon confiante. Ils informent l'enfant : il a raison d'attendre, son anticipation est justifiée. Un rôle structurant à deux niveaux

— rend l'attente supportable ; l'enfant ne hurle pas d'impatience ; l'attente est plus confortable ;
— favorise la prise de conscience des repères temporels des routines quotidiennes. Le temps de l'enfant est régulièrement découpé par des moments de contact qui sont autant d'événements dont il perçoit les signes anticipateurs, ce qui l'amène à prévoir : l'ordre de succession, la cause et les effets, les conséquences logiques.

L'enfant qui n'a aucun repère pour prévoir est plus tendu et insécurisé, à la fois plus passif et sur la défensive. Pensez à vos propres réactions. Vous écrivez dans votre bureau ; vous percevez immédiatement si quelqu'un s'introduit dans la pièce et se dirige vers vous : bruit de porte, pas, ombre. S'il arrive que quelqu'un s'introduise sans le moindre bruit, vous sursautez, à la fois surpris et inquiet. C'est ainsi que se déroule la vie de l'enfant sourd. Rien ne l'avertit et il découvre brusquement quelqu'un dans son champ visuel ; rien ne l'a préparé et il découvre qu'on lui tend son biberon. Lorsqu'il grandit, les signaux avertisseurs et apaisants qui sont transmis par voie auditive (bruits-parole) font défaut, du moins s'il n'est pas appareillé. Pensez aux nombreuses informations de la vie courante qui nécessitent une transmission urgente : *Attention ! Touche pas, c'est chaud, tu vas te brûler ! Ça va tomber ! Casse pas ! N'aie pas peur, je reviens tout de suite ! Mais non, le chien n'est pas méchant !* Les parents d'enfants sourds doivent être très attentifs et fournir à l'enfant des signaux qui empruntent d'autres canaux. Il est probable que beaucoup opèrent spontanément cette transposition sans qu'il soit nécessaire de le leur expliquer.

Les mécanismes discutés ici nous aident à comprendre les comportements des sourds, les troubles du comportement de certains. Précisons que tous les sourds n'ont pas de troubles du comportement. Beaucoup sont des enfants heureux, vivants, à l'aise. C'est le cas bien sûr lorsque sont réunies des conditions favorables. Mais tous les sourds ne bénéficient pas de conditions idéales. Certains ont un caractère difficile, ou s'adaptent mal, trouvent mal leur place dans un monde où il est normal d'entendre et de parler, un monde qui leur réserve un peu plus de frustrations qu'aux entendants.

Réunissez quelques termes qui qualifient souvent leur caractère : bourru, brusque, pointu, volumineux, hérissé, carré, cassant, tranchant, combatif, susceptible, irritable. Autant de réponses à un monde extérieur ressenti comme hostile, réponses qui se dessinent dès l'enfance. En simplifiant, certains enfants sourds sont bien dans leur peau, l'univers ambiant est harmonieux ; d'autres sont apathiques dans un univers plat où il ne se passe rien ; enfin agressifs s'ils se heurtent à des aspérités qu'ils ne contrôlent pas.

Beaucoup d'enfants sourds sont *angoissés*. Ils souffrent d'inquiétudes et de peurs un peu plus que les autres. Sans doute ont-ils fait l'expérience de frustrations non expliquées ; ils n'ont pas compris pourquoi on les confiait à une gardienne, ni mesuré que le séjour à l'école était de brève durée. Certains se créent des repères désespérés, essayant de se raccrocher à des habitudes de rangement immuables, à des rituels, de petites manies destinées à masquer la peur ou faire semblant de se rassurer.

Certains sont très *inhibés*, fermés, repliés sur eux-mêmes. Comme s'ils abandonnaient de chercher à communiquer ou s'ils avaient été trop désillusionnés. Une désillusion qu'ils n'ont pu dépasser. Pendant des années ils ont fixé les lèvres sans arriver à lire le discours. On ne leur a proposé que cela et ils ne sont pas arrivés à comprendre. Ils ne regardent plus. Parmi les sourds qui s'en sortent mal, beaucoup n'ont plus de regard. Ils fuient le contact, ne regardent pas, ne sourient pas, semblent indifférents. Ils se complaisent parfois dans des activités motrices répétitives autocentrées comme des stéréotypies de balancement. Il s'agit souvent d'enfants qui ont été peu stimulés dans la petite enfance. Ils n'ont pas été entraînés à s'intéresser, découvrir, utiliser leurs possibilités par ignorance ou insuffisance de l'entourage.

L'enfant sourd a souvent *des comportements « entiers »*. Il est buté et ne cède pas. Ses colères sont explosives. Il est agressif, sans nuances. On parle à son sujet de *réactions « à l'emporte-pièce »*. Elles démarrent brusquement, sont d'emblée massives. Ces réactions existent chez d'autres enfants. Elles s'expliquent souvent clairement chez le sourd : il a bien des raisons d'exploser. Quand il n'arrive pas à comprendre ce qu'on explique ou qu'il ne saisit pas ce qui se passe (un attroupement dans la rue, nous glanons rapidement des bribes de commentaires qui nous permettent de situer l'incident). Le sourd ne sait que ce qu'il voit. Il comprend de travers, ne fait pas ce qui est demandé et se fait gronder. Il n'arrive pas à se faire comprendre, à s'expliquer, ce qui déclenche parfois des réactions en chaîne qu'il ressent comme incohérentes ou injustes : un copain lui a « emprunté » son stylo et c'est lui qui se fait disputer parce qu'il est désordonné. Avec des informations déformées, l'enfant sourd se trouve souvent dans des situations qui lui semblent inextricables. Il ne comprend pas les réactions et les exigences. Ces malajustements lui confirment régulièrement qu'il se sent ou se croit frustré, incompris, isolé.

Ce n'est pas le cas pour tous. Lorsqu'ils évoquent leurs souvenirs, certains sourds ont le sentiment d'avoir eu une vie heureuse, bien remplie, intéressante. Ils ont été aidés de façon inconditionnelle par leur milieu familial, ont été compris et épaulés dans leur vie scolaire. Ils estiment qu'ils ont eu de la chance. Il faut effectivement que se trouvent réunis de nombreux facteurs positifs pour que les sourds soient au bout du compte heureux et autonomes plutôt qu'amers et frustrés. Il en est de même chez les entendants, mais tout est majoré par la surdité.

La description que nous donnons traduit l'idée que se font des entendants. Il serait très instructif que des sourds donnent leur point de vue. Ces observations correspondent aux comportements d'enfants sourds qui ont grandi pendant la période de transition actuelle. Ce n'est pas le portrait du sourd-muet d'autrefois qui avait passé son enfance en internat et ignorait le monde des entendants, mais ce n'est pas non plus vraiment le portrait du sourd « moderne » que l'on espère voir dans les années à venir. La plupart des enfants dont il est question ici ont connu initialement une éducation essentiellement orale, même s'ils communiquent par d'autres moyens. En proposant désormais précocement un mode de communication qui « passe », on peut espérer que les enfants sourds auront moins de carences, de frustrations, de démarche raide et de retard. Lorsqu'ils grandiront, ces enfants pourront expliquer aux entendants leur vue du monde, celle qu'ils ont réellement connue.

4. **Le langage** (9). — Le problème du langage a été cité à plusieurs reprises. Il faut être précis. L'enfant sourd n'entend pas les modèles de la langue parlée autour de lui. Il n'entend pas ce que disent les autres. Il ne peut pas organiser un langage spontanément. Il n'émet rien qui ressemble à la parole. On ne doit pas compter sur des comportements imitatifs pour stimuler ou moduler ses productions vocales. Pour qu'il « parle », il faut contourner le déficit du pôle réception et aussi susciter la production de parole.

De toute façon, l'enfant sourd profond ne parle pas dans les délais normaux ou très rarement. L'acquisition n'est pas spontanée. Elle se situe au-delà de l'âge optimal, ce qui constitue en soi un handicap. Quelles qu'en soient les raisons, le langage, la parole et la voix ne seront pas parfaits. La langue orale doit faire l'objet d'un *apprentissage*, ce qui diffère totalement

(9) Des précisions terminologiques : nous appelons *langage* le fonctionnement de formes linguistiques conventionnelles qui s'agencent suivant certaines règles. Chaque homme a un certain langage « dans sa tête », même s'il ne l'actualise pas.

Chez l'enfant, le langage s'organise sous les formes de *la langue* qui est parlée autour de lui, *la langue française* par exemple. Il existe de nombreuses *langues orales* de par le monde. Elles sont véhiculées par *la parole* (on dit aussi l'expression orale ou l'expression verbale du langage).

Les langues orales peuvent emprunter aussi *une forme graphique*, il s'agit de la forme écrite ou de l'expression écrite des langues. Le *français parlé* et *écrit* est sensiblement le même.

Lorsqu'on utilise *une langue gestuelle*, le langage emprunte un autre codage, passe par d'autres modalités (les gestes, la vue). Il n'existe pas un langage gestuel universel, mais *des langues gestuelles* qui diffèrent dans différentes communautés linguistiques, comme les langues orales. Il existe une langue des signes américaine, anglaise, française, italienne, etc.

des conditions d'acquisition de la langue maternelle par un enfant entendant.

Tout doit être appris, non seulement les mots et leur agencement, mais les usages et les habitudes linguistiques. Rien n'est acquis par hasard. L'enfant entendant apprend beaucoup à la dérobée. Il est toujours « en ligne », à l'écoute. Il semble occupé à jouer mais il ne perd pas un mot de votre conversation. Cette attention flottante élargit son horizon linguistique. Il acquiert ainsi du superflu, une marge de sécurité, des éléments dont il ne fait rien pour le moment mais qui s'inscrivent.

Rien d'équivalent chez l'enfant sourd. Il n'acquiert que ce qu'on lui apprend. Ce qui est impossible est la transmission d'un système symbolique tout construit, « prêt à l'usage ». Lorsque l'enfant sourd commence à retenir des mots, il s'agit de repères isolés et non de formes qu'il détache d'un continuum, qui baignent dans un fond de discours. Il y a discontinuité, acquisition de morceaux épars dont il comprendra bien plus tard qu'ils peuvent s'organiser en un système cohérent. Il n'est en contact avec l'ensemble de la langue que lorsqu'il acquiert la lecture, et, là encore, il ne peut imaginer comment sonne ce qu'il lit.

Sans même reprendre en compte les difficultés et les échecs, il apparaît de façon évidente que si l'on ne fournit à l'enfant sourd que la langue orale, il ne peut pas organiser un langage à l'âge normal. Le langage doit lui être présenté sous une forme qu'il puisse traiter. Percevoir, comprendre et imiter. La communication gestuelle est la réponse qui va de soi pour que l'enfant sourd ait des chances de démarrer comme les autres.

C'est du reste par gestes que s'expriment tout naturellement les bébés sourds, même si l'entourage ne leur fournit pas de modèles gestuels de communication. Depuis l'Antiquité, humanistes, esprits curieux et chercheurs s'intéressent à la question lancinante : quel langage élaboreraient des enfants tenus à l'écart de tout bain linguistique ? On peut ajouter : qu'en est-il lorsque l'enfant est sourd ?

Vivant avec des parents entendants, des enfants sourds trouvent d'eux-mêmes des gestes manuels significatifs pour communiquer leurs idées, formuler des demandes. Ces gestes spontanés sont relevés très précocement dans les enregistrements magnétoscopiques systématiques de très jeunes enfants sourds.

Ce sont des gestes de pointage analogues à ceux que font les adultes lorsqu'ils parlent à un enfant et lui montrent l'objet qu'ils nomment. Egalement des gestes qui miment les propriétés, les caractéristiques de ce que l'enfant veut évoquer. Il montre par exemple les grandes oreilles de Mickey, il tourne un volant, visse, coupe avec la main, pédale...

Ces gestes sont l'équivalent de mots ; l'enfant a l'initiative de les utiliser spontanément. Dans la mesure où il n'imite pas un modèle, on peut estimer qu'il a trouvé le geste tout seul. Dans ce contexte les enfants réinventent un répertoire gestuel. Comme les premiers mots de l'enfant entendant, la plupart de ces gestes n'ont de sens que situés dans leur contexte.

Ce répertoire gestuel s'accroît peu à peu et la plupart des enfants utilisent des énoncés de deux (rarement trois) signes, comme : *lait-chat, gâteau-donne, manteau-rouge*. L'ordre des signes est encore plus arbitraire que dans les énoncés de deux mots d'enfants entendants. Jusque-là, les gestes fonctionnent à peu près comme les premiers mots. Cependant leur devenir n'est pas le même.

Chez l'enfant entendant, la longueur moyenne des

énoncés (de mots) s'accroît régulièrement. Les gestes inventés par les jeunes sourds n'évoluent pas, car l'entourage « ne parle pas le même langage ». A 2 ans et demi, 3 ans et plus, ils continuent à employer les mêmes groupes de deux signes. Le système est figé et n'évolue plus. On peut y trouver plusieurs raisons. Tout d'abord les gestes, même s'ils sont adéquats, ne suscitent pas le même émerveillement que les premiers mots. L'adulte comprend généralement ce que l'enfant veut dire, mais il ne lui renvoie pas l'écho de son geste en l'imitant et le reprenant comme il le fait avec les mots. Sans imitation, sans encouragements ni réponses, sans interlocuteur finalement, l'enfant se trouve dans une impasse. Cette évolution qui tourne court est constatée dans des conditions où les parents se montrent de bons partenaires de communication orale mais ne s'engagent pas dans la communication gestuelle. Il n'en est évidemment pas de même lorsque les parents entrent eux-mêmes dans le jeu et cherchent à communiquer par tous les moyens : gestes et parole. Il faut ajouter aussi que ces enfants sourds qui inventent des gestes sans en avoir de modèles ne créent que des gestes-étiquettes, une ébauche de lexique, mais n'inventent pas de marques grammaticales. On ne relève aucune marque qui traduise les notions de nombre, de temps, d'appartenance ou autre niveau de complexité.

Si le choix de la modalité — orale ou gestuelle — reste pour certains une question litigieuse, il ne doit pas éclipser que l'objectif est unique : permettre à l'enfant de communiquer et de construire le langage. L'enfant doit organiser « dans sa tête » un système linguistique qui assume au moins deux fonctions essentielles, la communication et la représentation de la réalité :

— *Communication.* — La communication préverbale suffit avec le tout-petit mais dès que l'enfant grandit les parents se sentent démunis. Ils comprennent souvent d'eux-mêmes que les progrès sont bloqués s'ils ne disposent pas d'un codage accessible à l'enfant.

— *Représentation.* — Le langage permet de traduire la réalité. Il fournit des mots et des combinaisons qui permettent de parler des objets, des personnes, du monde, des actions, de rendre communicables toutes les notions, tous les concepts. Tout a un nom. Lorsqu'on pense à *un chat*, on peut articulier *chat*, faire le geste *chat* (les deux mains au coin des lèvres font la moustache) ou encore écrire *chat*. On a recours successivement à la langue orale, gestuelle, écrite. Ce qui importe est d'employer un codage qui permette de nommer *le chat* et de parler *du chat*. Tous ceux qui connaissent le code comprennent.

Le langage permet aux enfants qui l'acquièrent normalement d'organiser mentalement une image de la réalité linguistiquement cohérente. Un savoir, une pensée structurée en langage. Il leur permet aussi d'exister dans le discours d'autrui et par rapport à lui, et d'assumer leur identité.

Les problèmes existentiels liés à la surdité peuvent théoriquement être modifiés si une aide précoce permet à l'enfant de communiquer avec ses proches et de développer ses potentialités. Les chapitres suivants présentent les idées et méthodes qui inspirent l'éducation précoce et les possibilités pratiques qui existent.

CHAPITRE II

QUE PEUT-ON PROPOSER ?

Comment peut-on aider les enfants sourds ? Les réponses se situent sur plusieurs plans.

On pense tout d'abord à des moyens techniques qui pourraient améliorer l'audition. La première demande des parents est souvent le recours chirurgical : une opération qui rendrait l'audition. Le lecteur d'aujourd'hui sait, par ailleurs, que les appareils électroniques exécutent des tâches d'une grande complexité comme la synthèse de la parole ou la traduction, aussi se demandent-ils si l'on peut imaginer un appareil pour « faire entendre » l'enfant. Que peut-on attendre *des moyens chirurgicaux* et de *l'audioprothèse* ?

Les surdités de transmission (1) relèvent de thérapeutiques chirurgicales. Dans les cas où le geste chirurgical ne peut être réalisé immédiatement, comme dans les agénésies bilatérales de l'oreille moyenne, une prothèse auditive par voie osseuse donne un résultat excellent puisque, dans ces cas, l'oreille interne est normale.

Pour *les surdités de perception*, la question d'une compensation de la perte auditive ne se pose que dans les cas d'une surdité *bilatérale* qui ampute suffisam-

(1) Voir « Notes médicales », p. 115.

ment le champ fréquentiel dans la zone dite conversationnelle. Le recours est d'abord à la prothèse auditive et en cas d'échec se discute l'implant cochléaire.

Il convient d'emblée de préciser que la prothèse auditive ne modifie pas l'oreille interne, c'est-à-dire les cellules sensorielles dont certaines sont manquantes. Elle ne les remplace pas. Tout au plus amène-t-elle à cette oreille pathologique, grâce à des artifices électroniques, un message transformé. Cette transformation porte sur l'intensité, mais il ne suffit pas d'amplifier pour compenser la perte auditive ; elle porte aussi sur le champ fréquentiel par l'utilisation d'un filtrage, mais il ne suffit pas de filtrer pour compenser les inégalités fréquentielles de la perte auditive.

La prothèse auditive ne change pas une oreille pathologique en oreille normale, et ce d'autant moins que la perte est plus grande. Ce message transformé est obligé de traverser un organe dont le mécanisme est souvent profondément perturbé. On comprend alors que, dans les surdités profondes, le résultat ne réponde pas toujours aux espérances des parents.

La surdité introduit une distorsion de la sensation sonore. Il n'est pas possible de faire entendre à un entendant ce que perçoit un sourd, ni d'évaluer qualitativement ce que perçoit ce sourd lorsqu'il est appareillé.

L'appareillage auditif doit cependant être mis en place très tôt, le plus tôt possible, dès que le diagnostic de surdité est porté et qu'est connue la courbe de seuil d'audition sur chaque oreille. Une prothèse auditive est placée sur chaque oreille.

L'*appareillage précoce* est un progrès considérable, cependant les très jeunes enfants n'en tirent pas obligatoirement les bénéfices escomptés car il faut contrôler de façon prolongée les problèmes *matériels* et *psychologiques* qui peuvent survenir et ne sont pas les mêmes chez tous.

Les problèmes matériels sont de divers ordres. Certains sont liés à l'âge de l'enfant. Les débuts de l'appareillage coïncident souvent avec la station assise (6 à 8 mois) ; chez les enfants plus jeunes, le maintien de l'appareil est souvent délicat. Les comportements varient aussi profondément. Certains bébés sont instables, agités ou opposants ; ils arrachent leur appareil au point de rendre tout essai impossible. Il est préférable alors d'attendre et de reprendre quelques semaines ou mois plus tard. Les réactions de l'enfant sont souvent le reflet de l'acceptation profonde des parents ou de leur refus. Autour de cet appareil qu'ils mettent à l'enfant avec plus ou moins de douceur, de patience, d'agacement ou de gêne se mêlent des sentiments contradictoires. Le bébé qui arrache son appareil réalise peut-être simplement le désir profond de sa mère et exprime ce qu'elle n'ose formuler : cet appareil est superflu, illusoire, insupportable.

Accepter la prothèse, c'est comme accepter la surdité. Ce n'est pas une acceptation passive, c'est adopter cet objet symbolique qui rend la surdité visible à tous et mettre tout en œuvre pour qu'il fonctionne au mieux.

Il est tout à fait différent de placer sans réfléchir dans une jeune oreille un appareil dont on ne vérifie même pas la puissance et de faire des essais patients, en amenant le bébé à découvrir qu'il y a quelque chose à percevoir, un premier pas vers un éveil auditif que va permettre l'appareillage.

Les réactions du bébé ne sont pas toujours instantanées. Il faut qu'il s'habitue à percevoir des informations qui lui étaient étrangères jusque-là. Son univers perceptif devient plus habité. Chez certains enfants, dès le début de l'appareillage, le changement est spectaculaire : ils se mettent à sourire et produisent des vocalises. Ils découvrent que le monde est « intéressant » ; ils regardent avec plus d'attention. C'est un univers nouveau qu'ils découvrent. Un éveil global qui sommeillait jusque-là.

Pour un enfant appareillé jeune et sans incident, l'appareil individuel est comme un complément de l'oreille, il fait partie de lui-même. La plupart mettent leur prothèse le matin au réveil et la quittent rituellement le soir en se couchant. Certains la réclament si on l'oublie et apprennent très vite à la manipuler de façon autonome. Lorsque l'enfant grandit il existe évidemment de nombreuses situations dans lesquelles interviennent des éléments acoustiques (le confort acoustique, l'attention que l'enfant est obligé de fournir pour entendre, la netteté de ce qu'il perçoit, etc.) et d'autres qui sont psychologiques. Certains enfants ne mettent leur prothèse qu'en situation scolaire, comme s'il s'agissait d'un instrument de travail, alors qu'ils se débrouillent dans les jeux ou les échanges de la vie familiale ; d'autres, au contraire, sont gênés et n'osent pas la porter devant d'autres enfants. On ne peut interpréter globalement tous les oublis et pseudo-oublis, les pannes et les simulations... Cet appareil est en effet à la fois un chef-d'œuvre électro-acoustique et là, à portée de main, le petit fil ténu qui relie au monde des parlants-entendants, fil qui peut être l'objet d'un attachement anxieux ou que l'enfant peut au contraire s'amuser à couper de temps en temps, pour être tranquille. Les relations que l'enfant entretient avec sa prothèse sont souvent d'une grande complexité. Il est bon de pouvoir en parler avec les parents qui là encore sont les intermédiaires obligés et doivent souvent faire preuve d'une savante diplomatie !

L'application prothétique ne résoudrait rien si elle ne s'accompagnait pas d'une éducation auditive. Même s'il ne reçoit que quelques sons, l'enfant sourd n'est plus étranger au monde sonore.

Des amplificateurs de table ou de classe et différents systèmes passent au-delà de la prothèse auditive qui trouve ses limites lorsque la surdité est profonde, voire totale (2).

Le premier implant cochléaire (3) a été placé en 1962. Le système en plus de trente années d'âge s'est perfectionné et devenu plus performant ; il évolue encore comme se sont parfaitement précisées les indications avec les résultats de plus de 4 000 implantations chez l'enfant et chez l'adulte dans le monde.

Tous les enfants sourds profonds ou totaux ne peuvent bénéficier de l'implant cochléaire ; ils poursuivent alors lorsqu'ils ne peuvent être implantés une rééducation en langage gestuel, mais leur nombre devrait encore diminuer avec les progrès envisagés. Le temps n'est pas loin où l'implant cochléaire fera de la plupart des enfants sourds profonds et sévères des enfants entendants.

Le *dialogue sourd-ordinateur* est une évidence dès

(2) Par contre, l'appareillage et l'éducation précoces modifient totalement le devenir des *demi-sourds* et *demi-sourds profonds*. C'est un groupe d'enfants qui passe dans une autre catégorie.

(3) L'*implant cochléaire* est une nouvelle méthode de réhabilitation des surdités profondes. Le principe est de transformer la parole, de la coder en ondes électriques qui vont stimuler directement les fibres restantes du nerf auditif.

Ce système court-circuite ainsi l'appareil de transmission (tympan et osselets) et l'appareil de transformation et de perception des sons (les cellules sensorielles de l'oreille interne). Il utilise plusieurs électrodes introduites dans l'oreille interne. La partie la plus petite de l'appareil est dans la mastoïde, la partie la plus grande, c'est-à-dire la prothèse qui sert à la transformation de la parole, est à l'extérieur, la relation entre les deux se faisant par un système de transduction.

que l'enfant est capable de lire : l'écran est un parfait locuteur.

Quels que soient les progrès techniques, de nombreuses questions interfèrent, d'ordre éducatif, pédagogique, linguistique et social. Comment va-t-on élever cet enfant ? Que va-t-on lui apprendre ? Comment lui apprendre à parler ?

Les choix suivent le mouvement des idées. Ils tiennent compte des problèmes immédiats et aussi des projets à long terme : comment imagine-t-on la vie, le devenir de cet enfant ?

L'idée que l'on se fait de l'enfant sourd a évolué lentement au cours des deux derniers siècles puis très vite depuis une vingtaine d'années. C'est un sujet qui a une longue histoire et un passé ambigu. Il s'est fait beaucoup de bêtises sans que l'on sache en tirer de leçon. On ne peut faire le bilan des possibilités actuelles sans les situer dans l'évolution des idées et des méthodes.

I. — **Evolution des idées et des méthodes**

De tout temps, éducateurs et pédagogues se sont trouvés devant ces questions que nous nous posons encore : que peut-on bien inventer pour faire parler un enfant sourd ? Quelles trouvailles peuvent lui permettre d'acquérir le langage et de faire fonctionner ses capacités intellectuelles ?

Les initiatives, les « découvertes » sont nées de contextes particuliers. L'un des premiers témoignages qui nous rapporte un résultat de l'oralisme est celui du moine espagnol Pedro Ponce de León (fin XVIIe) qui réussit à faire parler, lire et apprendre le latin à deux frères sourds, F. et P. Velasco. Ce résultat s'inscrit dans tout un contexte. Les cas de surdité étaient nombreux dans les familles de l'aristocratie espagnole. Il existait donc une demande particulière et une exigence ; ces enfants devaient parler comme tout le monde pour conserver leur héritage et leur rang social. Or, ils étaient confiés souvent à des institutions religieuses : les religieux se trouvaient être des précepteurs désignés.

On ne sait à peu près rien des méthodes employées alors. Les réussites sont sans doute restées des expériences individuelles, dans des conditions de préceptorat qui ne pouvaient être appliquées à un grand nombre.

De son côté, l'usage des gestes a des racines et des motivations multiples. Les sourds n'ont pas utilisé d'emblée une langue gestuelle « toute faite » telle qu'elle existe actuellement.

Il est probable que des sourds ont eu recours toujours et partout à des gestes expressifs, ces gestes qu'utilisent aussi les entendants. Un mélange de mime et de conventions, proche des gestes auxquels nous avons recours lorsque nous voyageons dans un pays dont nous ignorons la langue. Deux enfants sourds dans une même famille découvrent des gestes pour communiquer entre eux, même si on ne leur en donne pas l'exemple.

En Europe occidentale, les jeunes sourds se trouvaient fréquemment, comme d'autres handicapés, dans des établissements religieux. Or, dans des communautés où le silence est de rigueur, les moines utilisaient des gestes manuels pour les échanges de la vie quotidienne (4). Les gestes ont simplement circulé entre

(4) C. Hutt, Etude d'un corpus : dictionnaire du langage gestuel des Trappistes, *in* A. J. Greimas, Pratiques et langages gestuels, Langages, 1968, 11, Didier-Larousse.

moines et sourds, deux catégories de « muets » qui ne pouvaient communiquer par la parole.

Le recours à un alphabet manuel est venu compléter ce système gestuel élémentaire. On le voit introduit en Espagne au XVIe ou XVIIe siècle. Il permet une épellation digitale, à une main (d'autres alphabets utilisent les deux mains). Une position des doigts et de la main correspond à chaque lettre de l'alphabet, c'est la *dactylologie*.

L'épellation digitale n'est pas rapide. Elle n'a survécu que comme complément d'autres méthodes. Notamment pour épeler les noms propres ou mots techniques dans le cadre d'une langue gestuelle. On ne peut se passer d'un alphabet.

La communication gestuelle a été progressivement codifiée par l'abbé de L'Epée que l'on donne généralement comme l'inventeur d'un système gestuel. Plusieurs générations d'éducateurs de sourds y ont participé. Jacob Pereire (1715-1790), sourd lui-même, qui introduit en France l'alphabet manuel espagnol. Itard, puis son élève Seguin (à l'Ecole des Sourds de Paris qui deviendra l'Institut national de Jeunes Sourds de Paris) cherchent quelles méthodes seraient les meilleures pour les sourds, mais aussi pour les arriérés mentaux et, dans la foulée, pour Victor, l'enfant sauvage qu'Itard espérait rendre au monde de la parole.

L'abbé de L'Epée enrichit et systématise la communication gestuelle. Il n'essaie pas de créer artificiellement un nouveau système de communication, mais part des signes utilisés par des jeunes sourds et tente d'y mettre de l'ordre, de les compléter, d'en faire un système de « signes méthodiques ».

Par la suite, le langage gestuel devient mutiple, avec une étape historique : en 1816, Laurent Clerc, professeur sourd, collaborateur de Sicard, part aux Etats-Unis avec T.-H. Gallaudet pour créer une école de sourds. Il apporte des modifications au système des signes en usage en France pour l'adapter à l'américain. Cette transposition peut être comparée, *mutatis mutandis*, à celle qui donna naissance à l'alphabet cyrillique. Lorsque au IXe siècle Cyril et Méthode entreprennent d'évangéliser les Russes, ils adaptent l'alphabet grec aux langues slaves pour fixer par écrit la Parole qu'ils apportent.

Tout au long du XIXe siècle, la communication gestuelle n'a pas tellement de problème de structure mais plutôt de survie. En effet, voilà deux siècles que des polémiques entre parole et geste soulèvent des passions auprès desquelles les discussions actuelles sont modérées et courtoises ! Les congrès, commissions, confrontations qui datent de plus d'un siècle semblent souvent tout à fait actuels.

Le Congrès mondial tenu à Milan en 1880 a cru mettre fin aux polémiques et imposer une vérité définitive en déclarant officiellement la supériorité de l'oralisme (les méthodes dont le but est de faire acquérir la parole aux sourds). Or, il marque le sommet de l'intolérance. Les méthodes orales devaient rester les seules admises en Europe occidentale et dans une partie des Etats-Unis pendant environ un siècle, faisant peser sur toute communication gestuelle un poids d'interdit qui n'est pas totalement effacé aujourd'hui. Cet interdit a été strictement respecté dans de nombreuses familles et dans des établissements spécialisés. Cela n'a pas empêché les enfants sourds de communiquer entre eux par gestes, « dans le dos des professeurs », utilisant un système propre à chaque groupe, jalousement transmis d'une génération à l'autre, comme un dialecte.

Comment expliquer que des problèmes de méthodes aient entraîné des positions aussi rigides et passionnelles, continuent à le faire parfois ? Le choix d'une méthode ne peut se détacher de raisonnements et de résonances d'ordre psychologique et psychosocial.

L'explication la plus évidente et la plus générale tient à la gêne que suscite tout handicap. Avec les gestes, la surdité devient voyante. On ne peut cacher qu'on est sourd. Depuis des générations, de jeunes sourds ont été gênés de faire des gestes en public. Ils avaient honte. Plus exactement, on leur avait appris à avoir honte des gestes. Les sourds actuels qui utilisent la Langue des Signes et sont encouragés à le faire ne ressentiront certainement pas la même gêne.

Les connaissances actuelles sur les possibilités des sourds n'effacent pas non plus le ton de passion « raciste » qui remonte lui aussi au siècle dernier. C'est Graham Bell (du téléphone) qui, à la fin du XIXe siècle, en donne l'idée la plus démesurée. Passionné à la fois par l'eugénique et l'éducation des sourds, Bell s'éleva contre le système américain qui groupait les sourds, les isolant du monde. Sans contacts extérieurs, les sourds se mariaient le plus souvent entre eux. Le mariage des sourds congénitaux risquait d'augmenter le nombre d'enfants sourds, constituant à terme une « race sourde » ou une « variété sourde de la Race humaine » (G. Bell, 1883). Personne ne s'est engagé avec un tel sectarisme contre le langage gestuel et la ségrégation des sourds. A cette vue glacée d'une « race sourde » dont la reproduction doit être évitée, s'oppose, un siècle plus tard, la fierté qu'éprouvent de nombreux sourds d'appartenir à une « culture sourde » qu'ils revendiquent face au monde des entendants.

Dans l'histoire des idées, et dans la pratique, parole et geste se sont donc opposés sans nuance. Les limites des méthodes purement oralistes ont été perçues et dénoncées très rapidement. Dès 1909, A. Binet écrivait :

« Les sourds-muets... n'arrivent pas à entretenir une conversation avec leur entourage mais peuvent arriver à comprendre leurs proches et à en être compris pour la satisfaction de leurs besoins immédiats... munis de ce semblant de parole. »

Cet avis n'est pas isolé. Les nombreux témoignages concordants ne remettent pas en cause le système qui se fige pour près d'un siècle.

Plus près de nous, R. Conrad (1979) examine tous les enfants sourds du pays de Galles et d'Angleterre qui terminent leur scolarité en ayant bénéficié d'éducation spécialisée (langage oral). Son enquête porte sur 468 enfants sourds (surdité constatée avant le langage) dont les parents sont de langue anglaise.

Au terme de leur scolarité, trois quarts ont un niveau de lecture inférieur à 11 ans, un tiers inférieur à 7 ans, c'est-à-dire sont illettrés ; 4 % seulement ont une lecture aisée.

40 % sont inintelligibles ; on comprend environ 1 mot sur 10. 1 sur 5 seulement est capable de lecture labiale. La plupart ont beaucoup de difficultés pour comprendre ce qu'on leur dit et pour se faire comprendre, au point qu'ils sont réellement handicapés dans la vie courante et dans les échanges sociaux.

L'opinion de l'auteur est renforcée par ce fait divers frappant qu'il emprunte au quotidien *The Times* du 6 février 1976. Un car transportant 50 enfants sourds de 5 à 16 ans, revenant de passer le week-end dans leur famille, est accidenté sur une autoroute britannique. 15 enfants blessés sont transportés à l'hôpital. Aucun ne peut donner la moindre explication. Le personnel hospitalier ne soupçonne pas tout de suite leur surdité, estimant que les enfants ne parlent pas parce qu'ils sont sous le choc. Il faut avoir recours à des adultes sourds qui suivent un office dans une église proche pour constater que les enfants se mettent aussitôt à s'exprimer aisément par gestes alors qu'ils ne sont pas censés connaître un langage gestuel. Il s'agissait, précise Conrad, d'enfants d'intelligence normale.

Cet incident aurait pu se dérouler sur n'importe quelle autoroute. Il montre dramatiquement les limites de l'oralisation, ne serait-ce que dans les échanges sociaux.

Ce bilan sévère ne saurait remettre en question l'accès des sourds à la langue orale. Vivant avec des entendants, les sourds ne peuvent se limiter à la communication gestuelle. Pour les sourds profonds, l'accès à la langue orale est à peu près toujours difficile, dans quelques cas même impossible.

C'est l'application exclusive des méthodes orales qui est critiquable. Nous pouvons ajouter actuellement que l'oralisme strict comporte en soi une contradiction fondamentale. Il ne peut permettre à l'enfant d'organiser un langage à l'âge normal de l'acquisition. Il existe alors un hiatus : on ne propose rien d'assimilable à l'âge où l'enfant en a le plus besoin et peut assimiler le plus. C'est bien ce manque et cette impuissance que ressentent les parents et les éducateurs. Ce vide, la communication gestuelle vient le combler.

C'est autour des années 60 que se dessine une redécouverte de *la communication gestuelle*, aux Etats-Unis et à peu près en même temps en Suède et au Danemark. En France, depuis 1975-1980, l'orientation générale est de réaliser la synthèse des méthodes utilisées jusque-là (5).

Il ne s'agit en effet pas du tout de renoncer à l'oralisme ; de bons rééducateurs obtiennent des résultats très encourageants (notamment les orthophonistes qui ont suivi l'enseignement de S. Borel-Maisonny, D. Sadek). Loin d'être abandonnées, les méthodes orales vont au contraire pouvoir s'adresser à des enfants préparés au langage et avides de parler. Les deux méthodes ne s'opposent pas, mais sont absolument complémentaires. Pour mieux le comprendre, il faut saisir clairement ce qu'est la Langue des Signes.

(5) On parle de « communication totale » : toutes les modalités possibles sont utilisées pour favoriser le développement et l'organisation du langage. L'idée n'est pas neuve, elle est déjà évoquée dans L'éducation des sourds-muets de naissance, de Gerando, 1827.

II. — La Langue des Signes

La mise en ordre de l'abbé de L'Epée n'a pas empêché que les sourds utilisent des systèmes multiformes, plus ou moins structurés. Quelques publications américaines autour de 1850 (J. S. Brown, *A vocabulary of Mute Signs*, 1856) marquent le début d'une analyse, puis on ne trouve plus trace d'études scientifiques pendant environ un siècle, le siècle de l'oralisme.

L'essor des recherches démarre autour des travaux de Gallaudet College sur la Langue des Signes américaine avec W. Stokoe (1960) (6).

A la suite de ces travaux, Ursula Bellugi (Salk Institute) et Roger Brown (Harvard, Mass.) étudient l'acquisition de la Langue des Signes par les enfants sourds et la comparent à l'acquisition du langage des enfants entendants. Il apparaît que les premiers signes sont acquis plus précocement que les premiers mots (trois mois plus tôt environ), sans doute en raison de leur iconicité. Comme les acquisitions orales, les premiers signes sont employés de façon abusive par sur-extension, puis se réduisent progressivement à l'usage courant. Brown a décrit également des stratégies de simplification gestuelle tout à fait comparables aux simplifications phonétiques des enfants qui commencent à parler. Par exemple, la forme du geste manuel est à peine ébauchée, le mouvement vague ou encore la localisation est imprécise.

Ces travaux étaient nécessaires. Ils ont permis de réfuter les idées simplistes, les critiques qui, depuis

(6) Directeur du laboratoire de recherches en linguistique à Gallaudet College, W. Stokoe publie Signs language structure : an outline of the visual communication systems of the american deaf, et, en 1965, W. Stokoe, D. Casterline, C. Groneberg, A dictionary of american sign language on linguistic principles, Linstok Press.

toujours, reprochaient au langage gestuel d'être limité, un « ramassis » de gestes permettant d'exprimer des situations concrètes courantes mais non une pensée abstraite, un système iconique passe-partout.

Ces critiques — souvent ignorantes — sont facilement éliminées. La Langue des Signes (il s'agit de la Langue des Signes américaine, American Signs Language, ASL ou Ameslan) peut être analysée en suivant les modèles linguistiques des langues orales, elle est une langue avec ses structures propres.

Comme les langues orales, elle possède une double articulation (7) avec des unités significatives, les *morphèmes* qui s'articulent en unités distinctives, les *chérèmes* (du grec *cheir* : main) qui sont les formes et mouvements des mains. Il existe un nombre fini de chérèmes comme il existe, dans chaque langue orale, un nombre fini de phonèmes. Ils peuvent se combiner et permettre de créer un nombre infini de messages.

Il existe 55 chérèmes (entre 53 et 55 suivant les systèmes) analysables en trois groupes qui sont déterminés par

— la place, position des mains ; elles peuvent se situer vers le front, devant le visage, au niveau des épaules, etc. ;
— leur forme, poing fermé, main ouverte, nombreuses variantes de position des doigts ;
— leur orientation, leur mouvement, par exemple, les deux mains vont l'une vers l'autre, une main se dirige vers le bas, en direction du corps, vers l'interlocuteur.

Cette description est conforme aux modèles linguistiques mais cadre mal avec le naturel des langues gestuelles. Il n'empêche qu'elle apaise les polémiques. Si elle suit les mêmes schémas que les langues orales, la Langue des Signes est « reconnue », officialisée. C'est vraiment une langue. Sans doute faut-il cependant distinguer l'analyse de laboratoire et la saisie

(7) Les langues sont des systèmes de communication doublement articulées :
— en unités de sens, les mots ou morphèmes (monèmes pour A. Martinet) ;
— en unités phonétiques, les phonèmes.

synthétique qu'en a l'individu. L'entendant n'a pas conscience d'entendre des phonèmes et le sourd n'a aucune idée qu'il voit des chérèmes !

Le sourd peut donc s'exprimer en faisant des gestes manuels. Son interlocuteur le regarde. Nous sommes dans un système de communication dont les règles et les habitudes sont tout à fait autres. La communication emprunte d'autres canaux. Dans la langue orale, la communication est *auditivo-phonique* ou *auditivo-orale*, dans la Langue des Signes, elle est *visuo-gestuelle*.

Pour l'enfant qui utilise d'emblée la Langue des Signes, le langage s'organise à partir d'un réseau d'associations visuo-motrices. Au pôle réception, l'image de formes et déplacements manuels ; au pôle production, des schémas moteurs gestuels manuels. C'est l'attention visuelle qui est sollicitée.

On ne peut cependant réduire la Langue des Signes à des gestes manuels. Essayez de suivre ce que vous explique un sourd, vous ne comprenez rien si vous fixez uniquement ses mains. Ce qui est codé passe par les gestes manuels mais l'expression est aussi sur le visage, dans la mimique, dans les attitudes corporelles. De nombreux sourds possèdent ou ont développé des capacités de mime extraordinaires. Ils parlent avec leurs mains, mais aussi avec tout leur corps. C'est par cette expressivité globale que le langage gestuel a quelque chose d'universel. Il l'a doublement. Le geste est enraciné au plus profond de la nature humaine (« L'homme, complexe de gestes », Marcel Jousse, 1978). De plus, le geste rapproche des sourds de communautés linguistiques différentes. Des sourds américains, espagnols, italiens, français utilisant leur système gestuel propre possèdent quelques conventions gestuelles communes (ce sont toujours à peu près les mêmes gestes qui signifient : manger, dormir, fatigué, joli, etc.) et communiquent plus facilement entre eux que des individus non sourds parlant des langues différentes.

Le *lexique* est en partie iconique, en partie arbitraire. Bien des signes sont limpides. On « voit » leur signification sans avoir besoin de l'apprendre (8). Ils utilisent des relations de forme, d'usage, d'action. Par exemple, pour :

— *bébé*, vous tenez les bras réunis devant vous comme si vous berciez un bébé ;
— *boire*, la main lève un verre imaginaire devant la bouche ;
— *chat*, les deux mains dessinent une moustache de chaque côté de la bouche ;
— *aider*, on se prend par le coude ;
— *table*, vos mains « dessinent » une table.

L'iconicité de nombreux signes explique peut-être qu'ils soient acquis relativement précocement, le geste ayant souvent une drôlerie qui glisse une note ludique dans les premiers apprentissages : le chat et ses moustaches, le lapin et ses grandes oreilles, le chien que l'on appelle en tapant sur la cuisse. Le geste évoque, introduit une facilitation. La transparence de certains gestes a d'autres incidences encore, la plupart des langues utilisent des signes proches pour traduire les notions les plus courantes : manger, c'est bon, petit, vite, la foule, le sommeil... Ces usages n'excluent pas une part d'arbitraire ; le signe reproduit un détail significatif, comme la moustache du chat ou les oreilles du lapin. Les détails arbitraires choisis sont propres à chaque langue. Ils répondent à une motivation que

(8) Ces signes gestuels rejoignent ainsi les signes graphiques d'écritures qui sont en partie idéographiques. Un système d'écriture possède des *pictogrammes* et des *idéogrammes*. On peut dire qu'il existe dans la Langue des Signes des *pictogestes* et des *idéogestes*.

l'on comprend aisément. Vous ne faites pas partout le même signe pour *chien* :

— en espagnol, la main devant la bouche, comme une muselière ;
— en italien, la main tournée vers l'avant, comme pour mordre ;
— en français, une tape sur la cuisse, comme pour « appeler » ;
— aux Etats-Unis, une caresse derrière l'oreille, comme pour dire « bien sage ».

Comme dans les langues orales, le lexique évolue. Certains signes adoptés depuis longtemps semblent inexpliqués ; il est probable qu'ils traduisaient initialement un détail vestimentaire ou culturel qui a disparu au cours des années. Le signe perd sa limpidité comme s'estompe l'origine étymologique d'un mot.

Les *formes grammaticales* et la *syntaxe* ont leurs règles propres. Un énoncé oral se déroule dans le temps. Les unités se succèdent dans un ordre qui répond aux contraintes sémantiques et syntaxiques. Les gestes aussi se succèdent dans le temps mais des paramètres spatiaux interviennent à chaque instant dans le déroulement du *discours gestuel*. Celui-ci joue sur la simultanéité, combine plusieurs informations qu'une langue orale traduirait successivement. Le décodage implique la saisie de plusieurs éléments instantanés : forme, position, mouvement des mains, expression du visage, du corps, attitude globale. Le décodage mobilise une attention visuelle inhabituelle, mais exercée pour ce type de tâches chez les sourds. Dans la Langue des Signes, déroulement temporel et syntaxe de l'espace interfèrent continuellement.

Le codage est beaucoup moins redondant que dans la langue orale. C'est un système économique. Prenons l'exemple du genre. Il existe une marque pour féminiser mais elle n'est utilisée qu'une fois dans l'énoncé ; lorsqu'un adjectif accompagne le nom, le féminin n'est indiqué qu'une fois. Il n'y a pas d'articles. Les pronoms personnels sont marqués par un mouvement dirigé vers soi-même pour *je*, vers l'interlocuteur pour *tu*, vers les autres, pour *ils*. Des références temporelles sont rendues de façon synthétique dans les formules comme :

— malade depuis longtemps ;
— vient de tomber malade ;
— malade de temps en temps ;
— tombe souvent malade ;
— légèrement malade ;
— malade chronique.

La Langue des Signes n'est pas calquée sur la langue orale ; elle ne lui correspond pas mot à mot et fonctionne avec ses règles propres. Elle a son lexique et sa syntaxe, comme d'autres langues vivantes qui traduisent différemment l'expérience humaine. Le sourd est habitué à des raccourcis, des codages très ramassés qui permettent souvent une grande expressivité.

Pour être un bon utilisateur de la Langue des Signes, il ne suffit pas d'apprendre des gestes et de bien regarder les mains. Comme toute langue vivante, la Langue des Signes relève de la linguistique comparée si on l'apprend théoriquement, mais se pratique avec ceux qui l'utilisent couramment, c'est-à-dire des sourds. Cette double approche devrait être familière à ceux qui veulent aider les enfants sourds. Comment leur expliquer, par exemple, des notions comme le futur, la succession... si on ne sait pas comment fonctionne leur système linguistique.

La Langue des Signes reconnue et décrite va être apprise. Elle va être utilisée à des fins pédagogiques. Fixée dans les livres (9), enseignée, elle risque de

(9) Les mains qui parlent. Eléments de vocabulaire de la Langue des Signes (région de Poitiers), édité par le Centre d'éducation spécialisée pour

perdre sa mobilité et de se figer. Cette uniformité est cependant une référence indispensable pour tous ceux qui veulent l'enseigner ou s'occuper d'enfants qui l'utilisent. Tous les sourds de France ou d'ailleurs pourront utiliser entre eux la même langue. Ces vues sont théoriques car on ne peut imposer un modèle unique, officiel, comme on avait imposé autrefois la langue orale.

Il existe par ailleurs d'autres systèmes gestuels dont le plus utilisé est *la « langue signée »*, propre à chaque pays (l'*anglais signé*, le *français signé*, etc.), où les gestes suivent l'oral. Des signes correspondent aux mots et aux marques grammaticales. L'adulte parle et fait des gestes en même temps. Il ne s'agit pas d'une langue autonome mais d'un compromis qui peut rendre de grands services, par exemple assurer le démarrage de la communication entre parents entendants et bébé sourd.

Sourds et entendants collaborent dans les recherches sur la Langue des Signes. L'engouement qu'elle suscite actuellement n'est pas sans ambiguïté. Les gestes ont été longtemps la propriété privée des sourds, le « jardin secret » plutôt que le « lopin autorisé ». Or, voilà cette langue mise au grand jour, analysée, décortiquée, décrite avec ses règles et ses normes. Les sourds se sentent quelque peu dépossédés. Leur code privé livré à tous. Et les décisions qui leur échappent : La Langue des Signes permise ou non, enseignée, généralisée... *à la mode*, finalement. Autre ambiguïté, cette mode risque de faire négliger l'effort que l'on doit consacrer à l'acquisition de la parole.

sourds-aveugles, Larnay-Biard, 86000 Poitiers ; Introduction à l'histoire et à la grammaire de la Langue des Signes. Entre les mains des sourds, par Bill Moody, 1983, Diffusion Ellipses, 32, rue Bargues, 75015 Paris ; L'Association Ferdinand-Berthier, 156, boulevard Président-Wilson à Bordeaux, créée pour développer les relations entre sourds et entendants, propose un cours d'initiation à la Langue des Signes sous forme de 10 leçons enregistrées sur bandes vidéo. Le programme repose sur les travaux de Paul Jouison sur la syntaxe de la Langue des Signes.

Tous peuvent être rassurés ! En même temps qu'elle est officialisée, la Langue des Signes va continuer à fonctionner, comme toute langue vivante, à plusieurs niveaux (en France, B. Mottez, C. A. Fergusson, 1976). Les gestes employés dans la vie de tous les jours varient suivant les groupes. Le lecteur qui découvre ici le problème pense sans doute qu'un système de signes pourrait présenter l'avantage d'être universel. Une sorte d'espéranto gestuel. Il n'en est rien. Chaque communauté de sourds — chaque établissement parfois — a ses variantes, ses habitudes. D'autant que, comme toute langue non écrite, elle est mobile, non formalisée, échappe aux modèles fixes.

Les mêmes sourds qui utilisent entre eux un dialecte gestuel de leur groupe disposent également de la Langue des Signes « officielle ». Il ne s'agit pas de deux langues différentes mais de niveaux ou registres de la même langue. Le registre du quotidien et celui du scolaire. L'équivalent de l'arabe dialectal et littéraire. La forme officielle est celle qui est utilisée scolairement, qui sert aux démarches administratives, aux sujets culturels, aux informations. Depuis que la Langue des Signes est réhabilitée, depuis qu'elle possède ses dictionnaires, ses grammaires, ses linguistes, son théâtre... le registre d'expression des sourds est plus homogène et meilleur puisqu'il repose sur un fond commun structuré.

III. — Comment l'enfant sourd acquiert-il le langage ?

Tout est préprogrammé pour que le langage fonctionne, mais il suffit de penser aux conditions indispensables à l'acquisition du langage : l'enfant sourd ne perçoit pas les modèles de la langue parlée autour de lui. Il est évident qu'il ne va pas acquérir la langue orale naturellement. Il va falloir la lui apprendre, en passant par les contraintes d'un apprentissage exceptionnellement difficile. Cela change tout.

Par contre, il est tout prêt à acquérir une langue gestuelle si les modèles lui en sont donnés.

Voilà un étrange paradoxe. La plupart des enfants sourds ont des parents entendants. Ils ne peuvent lui procurer le bain de langage gestuel qui serait immédiatement accessible et l'enfant ne peut profiter du bain de parole qu'ils fournissent. Seul le petit groupe d'enfants sourds dont les parents sont également sourds acquiert une langue naturellement. C'est une langue gestuelle qui assure toute communication à l'âge où il est normal d'organiser un langage.

Nous allons voir comment l'enfant entre dans le langage, avec les deux modalités orale et gestuelle. Il apparaît d'emblée que les conditions d'acquisition vont être hétérogènes. La modalité gestuelle va de soi si elle est la langue de l'entourage (parents sourds) ou si l'on peut fournir à l'enfant un minimum de modèles stables. Elle comporte deux aspects, l'un codifié, la Langue des Signes, l'autre spontané, commun aux sourds et aux entendants, les gestes expressifs. La modalité orale ne peut être qu'apprise. Il n'y a pas d'antagonisme entre les deux mais une complémentarité dans le temps (pour l'enfant sourd la modalité gestuelle va de soi bien plus tôt que l'oral) et complémentarité d'usage puisque l'une assume la communication préverbale et la communication entre sourds, et l'autre permet de communiquer avec les entendants. Il ne faut pas perdre de vue que l'enfant sourd va avoir à communiquer au bout du compte avec des sourds (qui entre eux le plus souvent ne parlent pas, car ils se comprennent trop difficilement mais « signent ») et avec des entendants.

1. **Une langue gestuelle.** — A) *Dans une famille de sourds*, l'acquisition va de soi. On ne se pose même pas de question le plus souvent. L'enfant acquiert tout naturellement le système gestuel que ses parents utilisent entre eux et en s'adressant à lui. Il l'apprend très jeune par simple exposition à ce « bain de langage ». D'eux-mêmes, certains parents essaient de faciliter la production de gestes en modelant les mains du bébé (ils lui donnent certaines formes). Ils l'aident à réaliser le bon modèle pour formuler des demandes, exprimer ses affects. Ses parents lui seront évidemment d'un piètre secours pour apprendre la langue orale, même si eux-mêmes disent quelques mots (10).

B) *Dans un milieu entendant*, le problème est tout autre. Or, 90 à 95 % des enfants sourds sont dans cette situation.

Les parents n'utilisent évidemment pas de langue gestuelle. Pour la plupart, ils ne savent même pas que cela existe et ignorent totalement l'importance que cela revêt pour l'enfant. C'est donc en premier lieu un problème d'information : expliquer aux parents la Langue des Signes et les services immédiats qu'elle peut rendre. Les parents doivent comprendre cela en temps record puisqu'on va leur demander un choix rapide. Le lecteur mesure sans doute leur perplexité. Ils reçoivent en un temps très bref des nouvelles bouleversantes qui modifient leurs habitudes, leurs désirs

(10) On décrit même un registre particulier de modalité gestuelle entre mère sourde et son bébé, analogue au registre de langage qu'adoptent les adultes entendants lorsqu'ils parlent à l'enfant. Les parents sourds simplifient leurs gestes, adoptent un tempo plus lent, accentuent certains signes. Ils racontent des comptines, des berceuses en gestes et incorporent dans des reprises-imitations les ébauches de gestes de l'enfant comme le fait l'adulte avec les premières productions vocales de l'enfant entendant (notamment analyse des enregistrements de J. M. Moores, 1980).

et leurs projets, et impliquent un réajustement rapide de leurs comportements. Par certains côtés, on les rassure : *l'enfant parlera un jour, oui, il existe des écoles modernes, sa prothèse l'aidera.* En même temps, on modère l'impatience : *il ne parlera pas tout de suite, cela sera même très long.* Désillusion. Et c'est là que se glissent les gestes.

Certains parents sentent tout de suite de quoi il s'agit. Pas besoin d'explications pour les convaincre. Ils comprennent qu'avec des gestes ils vont accrocher le regard de leur bébé, l'intéresser, le faire rire. Ils lui parleront du *lapin* et du *chat* : la communication et l'avenir du langage sont saufs.

D'autres ont besoin de comprendre différemment. Il faut se mettre à leur place ! Cette histoire de gestes n'est pas évidente pour quelqu'un qui n'y a jamais réfléchi. On s'efforce alors de leur expliquer, théoriquement, la précocité, l'aisance du bébé pour saisir les gestes qu'il va essayer d'imiter, le plaisir des sourds qui discutent entre eux. On montre aux parents ce que donne ce mode de communication pour un enfant un peu plus grand que le leur, ou ce qui se passe dans une famille de sourds où l'on se raconte beaucoup de choses avec les mains. Les parents ont la possibilité de voir réellement ces exemples lorsque leur enfant fréquente un centre où sont suivis des enfants qui, pour certains, ont des parents sourds.

Qui va apprendre la Langue des Signes à l'enfant ? Ce ne sont évidemment pas les parents qui ne la connaissent pas. On s'efforce de fournir à l'enfant des contacts réguliers et répétés avec une personne qui utilise couramment la Langue des Signes. Un adulte sourd (les jeunes mères sont très bien dans ces séances maman-bébé), un demi-sourd qui a été élevé avec les sourds profonds, un entendant dont les parents étaient sourds qui a donc acquis la Langue des Signes comme « première langue » ou un spécialiste (orthophoniste, éducateur, pédagogue, acteur) qui a suffisamment vécu avec des sourds pour être totalement à l'aise dans les gestes. Cet adulte doit avoir l'habitude des tout-petits. Il ne donne pas une leçon, il n'est pas là pour faire apprendre des mots, il participe aux activités courantes et joue avec l'enfant en « signant » comme d'autres jouent en parlant. Il n'y a pas discontinuité dans les relations de l'enfant qui sont de même style avec deux « locuteurs » différents. Il trouve là deux adultes de référence.

Un sourd assure une transmission directe, naturelle, en même temps qu'*une filiation linguistique profonde*. Par son intermédiaire, l'enfant qui est une exception dans sa famille se situe parmi les sourds.

Diverses formules permettent de proposer ces contacts à l'enfant, sans que l'on puisse donner de schémas rigides. L'enfant peut être confié à une gardienne sourde pendant les heures de travail de ses parents (cité par D. Martenod). Une jeune femme sourde peut venir à domicile deux ou trois fois par semaine ; parfois, c'est une jeune mère sourde avec son enfant sourd. La famille peut être aidée pendant les vacances par une jeune fille au pair sourde.

De leur côté, que font les parents ? Plus ou moins suivant leurs possibilités et leurs motivations. De toute façon, ils doivent avant tout être convaincus qu'ils doivent communiquer avec le bébé par tous les moyens possibles, en s'appuyant beaucoup sur la mimo-gestualité. Jouer et être à l'aise avec le bébé qui va les regarder et s'amuser à les imiter. Ils montrent qu'ils encouragent les gestes ; ils approuvent les contacts de l'enfant avec l'adulte sourd et montrent leur complicité.

La meilleure attitude possible est évidemment que les parents apprennent des signes pour accompagner la parole. Il est fondamental qu'ils parlent à l'enfant et continuent à lui parler, même s'il comprend très peu la parole, mais pour assurer la communication, seuls les gestes font l'affaire au début. Lorsqu'ils comprennent que la modalité gestuelle est irremplaçable, les parents éprouvent souvent le besoin d'apprendre eux-mêmes la Langue des Signes pour communiquer suffisamment avec l'enfant. Il leur faut apprendre « quelque chose » pour ne pas rester étrangers au développement de leur enfant et comprendre de l'intérieur ce qu'est son problème.

Les parents se retrouvent donc dans des cours du soir, des cessions d'études, des séminaires, entre eux et avec des spécialistes qui viennent aussi apprendre, comme débutants ou pour se perfectionner. Ils côtoient aussi des personnes pour lesquelles la Langue des Signes n'a pas d'utilité pratique mais qu'attirent les dimensions nouvelles de ce mode de communication et qui ressentent souvent la valeur esthétique et poétique des gestes (11).

Il est difficile pour des adultes d'apprendre la Langue des Signes sans vivre avec des sourds. La tâche est plus difficile qu'une langue vivante orale, car le codage diffère totalement et ne répond pas aux schémas habituels. Pour certains parents, cette étude est hors de portée. Ceux qui sont vraiment désireux d'apprendre et qui en ont la possibilité voient généralement leur enfant progresser plus vite qu'eux, de même que ses frères et sœurs qui souvent apprennent à la dérobée. Ils n'utilisent pas vraiment la Langue des Signes, pour la plupart, mais emploient des gestes qui suivent la parole, ce qui constitue différents registres de français signé, le moyen de communication le plus habituel

(11) Premier cours de Langues des Signes, à Paris, 1976. Au château de Vincennes, à l'académie de la Langue des Signes (rue Saint-Jacques). Puis ont suivi de nombreuses initiatives dans la région parisienne et en province, à partir d'instituts de sourds, de centres d'aide précoce ou d'associations de parents.

entre parents entendants et enfant sourd. *C'est ainsi que l'enfant sourd entre dans la communication et dans l'ordre du langage.*

Il connaît d'emblée *une situation linguistique polyvalente*. Il est en contact avec :

— la *langue orale* que ses proches utilisent entre eux et en s'adressant à lui ;
— la *Langue des Signes* avec, disons pour schématiser, un éducateur sourd ;
— un mélange oral-signé qui est *un registre du français signé*.

La distinction langue orale - langue gestuelle existe dans nos descriptions, mais dans la réalité, l'enfant sourd connaît ou devrait connaître une situation de *communication globale* dans laquelle interviennent des gestes et la parole.

Qu'ils emploient des signes ou non, les parents demeurent les meilleurs modèles pour donner à l'enfant l'idée et l'envie de parler. L'enfant perçoit bien qu'il y a quelque chose à lire sur les lèvres qui est d'un autre ordre que les gestes, mais il le comprend d'autant mieux que le geste lui indique en même temps ce que cela signifie.

Ainsi, il va de soi pour l'enfant que certains adultes parlent et entendent alors que d'autres sont sourds et communiquent différemment. L'enfant possède une double image identificatoire d'adultes détenteurs du langage et il trouve sa place auprès de chacun.

Il suffit qu'existe entre l'enfant sourd et les adultes proches un répertoire commun de gestes pour communiquer dans les situations courantes. Du moins, tant que l'enfant est petit. Cette introduction est déjà fondamentale pour le devenir du langage. Un enfant qui s'est familiarisé avec les gestes *lapin*, *cheval*, *chien*, *chat*, *oiseau*, non seulement sait ce qu'ils signifient, peut suivre les histoires que vivent ces animaux, en discuter avec ses proches, mais il commence à organiser un pan du lexique — les noms d'animaux familiers — bien avant d'articuler un son et de pouvoir dire oralement le nom de ces animaux. Ces concepts existent pour lui avant qu'il ait l'idée de la configuration du mot. Lorsqu'on s'efforcera de lui faire dire *chat*, *lapin*, etc., il aura cette avance considérable : même s'il émet une bouillie incompréhensible, il saura exactement de quoi il s'agit.

L'enfant sourd profond est toujours appareillé mais assez fréquemment l'appareillage n'ouvre qu'une petite lucarne auditive. Aussi la communication gestuelle est-elle essentielle pour jeter les bases du langage. Si à partir de 2 ans une implantation cochléaire est décidée le geste n'est pas abandonné mais l'oral prend le pas puis acquiert la place prépondérante.

2. **La langue orale.** — Un *sourd-parlant* (par opposition au *sourd-muet* d'antan) est censé comprendre ce que dit l'interlocuteur et produire lui-même une parole intelligible. A terme il est censé parler avec n'importe qui. L'enfant sourd est doublement handicapé dans ces tâches. En l'absence de modèles acoustiques, les capacités vocales et la parole ne se développent pas spontanément. Sans aide, pas de productions vocales, pas d'articulation qui ressemble à la parole.

Les deux pôles périphériques par lesquels passe la langue orale — audition, phonation — ne fonctionnent pas. Ajoutez que l'enfant ne peut avoir aucune idée de ce qu'est le langage. Cela donne la mesure des tâches à accomplir.

L'Education précoce se glisse aussitôt qu'est connu

le diagnostic de surdité ; elle est centrée sur des activités conformes aux comportements du tout petit enfant. Pour en parler il faut classer ces activités, bien qu'elles soient conçues comme un tout. Il s'agit

— d'entraînement perceptif ;
— de langage : comprendre et construire le langage ;
— d'entraînement de la voix, de l'articulation et de la parole.

Cette présentation schématique est évidemment factice, car on ne compartimente pas ainsi les activités proposées à l'enfant. Entraînement perceptif et vocal ne sont pas des activités vraiment distinctes. Il s'agit bien d'une part de produire la voix, ce qui est une activité motrice, d'autre part de s'habituer à recevoir différents types de stimuli, ce qui est du domaine des perceptions. Mais l'objectif est commun : au bout du compte, communiquer par la parole. Les activités ne « passent » que si elles suscitent l'intérêt de l'enfant, en s'inscrivant dans des comportements de communication, des habitudes de jeu, si elles sont porteuses de signification et permettent de traduire des affects (appels, exclamations, signaux, etc.).

Nous n'évoquons ici que le démarrage de l'aide, ce qu'il est fondamental de ne pas manquer. Cette présentation ne doit pas masquer les réalités. Un enfant sourd doit être aidé pendant de nombreuses années pour arriver à communiquer oralement. Une aide suivie, régulière, dense, qui se prolonge pendant toute sa scolarité et parfois au-delà. Malgré tous les moyens employés, il ne perçoit jamais de message complet. Il ne reçoit que des bribes, des repères.

A) *Entraînement perceptif.* — Ce qui est prioritaire est évidemment d'amener l'enfant à percevoir certains messages. Les stimulations qu'il reçoit l'informent sur l'extérieur. C'est par leur intermédiaire qu'il organise cette « vue du monde » évoquée dans le premier chapitre, qu'il reçoit des messages chargés de signification. En raison de la surdité on est amené à distinguer l'entraînement *auditif* et celui des *autres voies perceptives.*

L'*entraînement auditif* suppose évidemment quelques restes auditifs. On l'entreprend dès que l'enfant est appareillé, avec sa prothèse individuelle. Grâce à celle-ci l'enfant perçoit quelques éléments sonores. Mais ceux-ci sont trop flous, trop occasionnels pour qu'il y prête attention spontanément et leur confère une signification.

L'éducation auditive ne compense pas le déficit, mais elle peut aider l'enfant en structurant, précisant, systématisant les expériences auditives de routine. En les mettant en relief. Elle essaie de susciter une attention auditive et une écoute plus active. Les stimulations auditives retiennent plus l'attention si elles sont isolées, précises, surtout si elles sont « intéressantes ». Un son isolé, par exemple, n'a aucun intérêt pour l'enfant, alors que le même son produit devant lui par un instrument qu'il peut toucher, prendre, utiliser, est beaucoup plus attractif.

Il s'agit donc d'amplifier les stimulations sonores « intéressantes », de les isoler du bruit ambiant (l'enfant reçoit la forme nette, isolée, non mêlée d'éléments de distraction), d'amener l'enfant à repérer le début et la fin d'une séquence sonore, localiser la source sonore. Si l'on peut, lui donner envie de la reproduire lui-même en manipulant les instruments ou des objets sonores. Associer aux stimulations sonores des phénomènes qui sont perçus par d'autres voies (transposition de stimulations sonores et stimulations visuelles notamment).

Progressivement, l'enfant amorce des discriminations entre différentes sources sonores, par le biais d'activités ludiques que l'on peut varier à l'infini.

L'enfant sourd reçoit beaucoup d'informations par d'autres voies perceptives. Elles sont à exploiter le plus possible, car on n'arrive pas toujours à rendre les perceptions auditives attrayantes et informatives. L'attention de l'enfant doit être focalisée sur ce qu'il voit, les vibrations, les déplacements, les mouvements.

Le déroulement des activités quotidiennes fournit de nombreuses expériences perceptives et motrices. On ne peut dissocier en effet ce que vit l'enfant dans sa motricité et le faisceau d'informations perceptives qu'il reçoit simultanément. Les activités proposées aux enfants dans de petits groupes éducatifs participent à structurer globalement des schémas d'activités perceptivo-motrices. Quelques exemples l'illustrent.

L'activité se déroule autour d'une caisse claire. L'adulte frappe, introduit des variantes de rythme, d'intensité. Chaque enfant pose les mains sur la membrane qui vibre, puis essaie de frapper lui-même. Il reproduit aussi le rythme en frappant des mains, puis en marchant (il voit la main qui frappe la membrane et perçoit on ne sait quoi). Le corps est le récepteur et l'acteur de cette expérience qui est « jouée » par chaque enfant et aussi en commun. Ce que perçoit l'enfant est global, passe par son corps, ses mouvements et tout ce qu'il perçoit en même temps par toutes les voies possibles.

L'adulte et l'enfant, installés face à face, soufflent dans un jouet sonore. L'adulte souffle une brève séquence et son geste du bras dessine la mélodie montante. L'enfant essaie de souffler, imite l'ensemble, même s'il ne produit guère de son. L'adulte recommence, l'enfant l'imite de nouveau. Il s'établit un jeu alternatif, comme une prise de parole, à tour de rôle dans une conversation. Un moule conversationnel. Ce que souffle l'enfant n'a pas beaucoup de rapport avec le modèle de l'adulte, mais il ébauche une synthèse d'opérations qui sont tout naturellement synchronisées chez l'enfant entendant.

L'éducation perceptive est à la fois structurée et improvisée. Elle propose à l'enfant un entraînement minutieux, systématique, l'amène à percevoir des analogies, des écarts, à affiner ses capacités de discrimination. En ce sens, elle est méthodique et programmée. Mais elle glisse cet entraînement « sans en avoir l'air » dans des activités courantes et des jeux au moment où l'enfant en a envie, s'il est disponible et amusé.

Il faut faire comprendre aux parents que c'est en jouant ou par le biais du jeu que l'enfant progresse le mieux. Ils ne doivent pas entreprendre de le « faire travailler », en le submergeant de stimulations, en le sollicitant sans arrêt, mais intégrer des idées d'activités dans les situations de la vie quotidienne.

B) *Comprendre et construire le langage.* — Le langage n'intervient pas différemment ou après les autres activités. Tout se déroule, en langage ; les activités vocales et perceptives n'intéressent l'enfant que si elles assument des fonctions du langage.

Récapitulons : quelle est la situation de l'enfant sourd à l'âge où il commencerait à parler s'il entendait ? Si son environnement est communicant, il dispose à 18-20 mois d'un répertoire d'habitudes partagées, de significations communes avec ses proches. Comme avec un autre enfant « préverbal » on communique déjà beaucoup. Dans les cas diagnostiqués assez tôt, ces relations ont permis d'entretenir des productions phoniques que l'adulte souligne, renforce, félicite. L'enfant ne comprend pas le langage, mais, en situation, vous avez l'impression que certains messages passent. Plus encore qu'un bébé entendant, ce qui passe est très tronqué et très flou. Des bribes.

L'enfant perçoit de vagues informations à partir

de gestes (vous montrez du geste en même temps que vous dites : *là-haut*), de votre mimique (prononcez : *là-haut* devant la glace, vous repérez des mouvements tout à fait caractéristiques), ce qui est significatif est l'association geste-son. Comme pour l'enfant tout petit, ces bribes forment un ensemble, globalement perçu à signification plus ou moins nette. Pour l'enfant sourd, les lambeaux sont beaucoup plus épars, il y a beaucoup plus de blanc à combler pour saisir le message. Son esprit doit s'habituer à fonctionner de la sorte car toutes ses acquisitions se feront ainsi. Il ne disposera jamais de toutes les informations qui sont nécessaires aux autres, comme s'il se trouvait chaque fois devant un piège. Seuls réussissent dans ce jeu piégé les enfants particulièrement attentifs, intéressés, obstinés, avides d'apprendre. Ceux auquels les parents savent intuitivement fournir un faisceau d'informations chaque fois suffisant.

Les premiers repères que l'enfant sourd peut réunir autour de la langue sont des mouvements des lèvres, des mimiques, des gestes expressifs (des gestes de pointage : *regarde, tiens, voilà* — ou d'emphase : *un gros ballon comme ça*).

L'attention du bébé est attirée par le visage de l'adulte : il voit les lèvres qui bougent. Par *la lecture labiale* ou *labio-lecture* l'enfant voit des mouvements qui peuvent l'informer sur le langage. Les mouvements des lèvres et leur position varient suivant les phonèmes prononcés. Il peut « lire » sur les lèvres. L'adulte essaie de retenir son attention en lui montrant qu'il y a quelque chose à comprendre s'il regarde bien. La lecture labiale entraîne des contraintes spatiales à la communication : les deux interlocuteurs sont face à face, à distance confortable, le visage de l'adulte bien visible, en essayant d'éliminer ce qui peut distraire l'attention de l'enfant.

Les informations transmises sont cependant très partielles. L'articulation de nombreux phonèmes est indépendante des lèvres et des phonèmes différents coïncident avec des mouvements des lèvres identiques. Pour avoir une idée de ce qui permet de comprendre la lecture labiale, regardez à la télévision un visage en gros plan, qui parle distinctement : vous êtes dans de bonnes conditions pour lire sur les lèvres. Or, si vous ne mettez pas le son, vous ne comprendrez rien. Vous n'êtes pas entraîné. Il n'empêche que, pour tous, les informations transmises sont infimes. On a donc cherché à rendre la lecture labiale plus informative. Des gestes associés à l'émission de la parole apportent un complément d'information, comme dans le *cued-speech*.

Le *cued-speech* est une lecture de la parole sur les lèvres qui est complétée par des gestes conventionnels. Cette méthode introduite par O. Cornett (Gallaudet, Washington, 1978) est utilisée en France sous ce nom ou celui de « langage complété Cornett ». Les mains réalisent des gestes autour de la bouche pour compléter les informations que ne donnent pas les mouvements des lèvres sur la structure phonétique de la parole. Il lève les ambiguïtés de la lecture labiale, permet de saisir tous les phonèmes, fait apparaître les phonèmes qui ne se voient pas sur les lèvres, comme *c*, *g*, *r*, permet de discriminer des sosies labiaux (par exemple *u* et *ou* ont la même image labiale, de même *p*, *b*, *m*). Qualités du *cued-speech* : il suit le rythme de la parole, ce qui facilite la saisie des éléments rythmiques. Il permet de dire tous les « petits » mots, articles, prépositions. L'association fixe des informations auditives et d'un modèle visuel dès les débuts de l'acquisition constitue une image mentale globale, même si l'enfant ne prononce rien, ne saisit pas tous les éléments. On l'utilise en éducation précoce dès les premiers mois, et par suite de façon prolongée.

Cette méthode utilise 5 positions de la main autour du visage pour les voyelles et 7 configurations des doigts pour les consonnes. Ces mouvements permettent de distinguer des mots qui ont la même image labiale. Par exemple : *bateau*, *manteau*, *pardon*, *menton*, *bâton*, *badaud*, sont des « sosies labiaux » ; il est pratiquement impossible de les identifier en lecture labiale. C'est là que le *cued-speech* joue son rôle. La position des doigts permet de différencier : *p*, *b*, *m*, qui ont la même image labiale.

La combinaison des 5 positions de la main et des 7 positions des doigts constitue 35 signes qui composent la méthode et permettent d'éviter les confusions labiales.

Les parents l'apprennent facilement (quelques heures disent certains) ; ils l'utilisent en parlant normalement avec leur bébé, ce qui atténue beaucoup leur inhibition. Beaucoup se félicitent de cette aide grâce à laquelle ils disent trouver une attitude normale, un bébé content même s'il ne comprend pas grand-chose au point de vue auditif.

Les gestes sont abandonnés spontanément lorsque la lecture labiale se montre suffisante. Le *cued-speech* n'est pas un langage gestuel, ni même un système d'expression en soi, mais un ensemble de gestes conventionnels qui facilitent la lecture labiale et l'acquisition du langage oral.

Avec la labio-lecture, le *cued-speech* éventuellement, la mimo-gestualité, l'éducateur s'engage dans une tâche qui va lui demander beaucoup de patience et d'optimisme. S'il s'en tient à une approche purement orale, il n'est en effet pas encouragé par des résultats rapides.

Rien ne rend très bien compte de ce qu'est ce projet : faire parler un enfant qui n'entend pas. On dit que l'on « travaille » le langage, qu'on le structure, le construit ou que l'on « monte » le langage... Oui, on fait en sorte que l'enfant organise un langage alors qu'il ne peut ni l'imiter, ni découvrir tout seul ses modalités de fonctionnement. L'éducateur établit une relation avec l'enfant, au bout de laquelle le langage devrait passer de la tête de l'un dans celle de l'autre. Mais cette opération n'est qu'une métaphore ! Pour ce faire, il dispose de quelques schémas, mais son rôle n'est pas totalement prévu ou écrit. Il est contraint d'improviser, plus ou moins selon les enfants car il ne connaît pas — et on ne connaît pas — tous les mystères de l'acquisition du langage. Il ne connaît pas toutes les ressources et les blessures cachées de chaque enfant. Il y a un côté illusionniste dans le rêve de celui qui veut donner un langage à l'enfant sourd. C'est chaque fois un défi.

Ce défi est relevé au cas par cas. Si l'on essaie de le décrire, tout est d'une extrême banalité.

Commençons aux *premiers mots*. L'enfant sourd ne choisit pas ses mots. L'éducateur introduit dans leurs activités, dans les commentaires de la vie (par l'intermédiaire des parents nous y reviendrons), les mots qui appartiennent au lexique de la plupart des jeunes enfants, les « premiers mots » les plus habituels. Ceux qui nomment les proches, papa, maman, mamy, titi, qui désignent des personnes, les filles, les garçons, la dame, le monsieur, le bébé. Les parties du corps, les mains, les pieds, la bouche, le nez. Les verbes des actions courantes, manger, marcher, dormir, tomber. Les oppositions les plus précocement saisies, grand-petit, en haut-en bas, bon-pas bon...

Le *lexique* s'étend dans les champs lexicaux familiers aux jeunes enfants. Il apprend le nom des vêtements, des animaux, des aliments. On reconstitue avec lui un inventaire personnalisé des mots de la langue, qui émergent en situation.

A partir de ces premiers éléments, l'enfant est amené à organiser des classements. Il vient à saisir comment se regroupent ces mots suivant des analogies, des classes, des caractéristiques communes ou différentes :

> Ce qui est animé ou inanimé,
> Ce qui est humain ou non humain,

suivant l'usage, l'appartenance ou la localisation : dehors-dedans.

En même temps que son vocabulaire se construit, il acquiert des *marques grammaticales*. Par exemple, lorsque l'enfant sait clairement papa-maman, garçon-fille, monsieur-dame, il peut comprendre l'opposition *masculin-féminin* et la généraliser dans des emplois à venir. De même, il commence à pouvoir saisir l'opposition *singulier-pluriel*, et par extension : un-beaucoup, plusieurs-tous. Il acquiert relativement facilement des mots qui expriment des *relations spatiales* : l'espace lui est accessible, il peut très bien situer ce qui est sur, sous, dans, à côté, comme un autre enfant. L'acquisition des *relations temporelles* est beaucoup plus difficile et tardive.

Dès que l'enfant est engagé dans le système de la langue, il associe deux ou plusieurs mots ou les comprend dans le discours d'autrui.

C'est un début de *syntaxe*, qui va progresser de façon laborieuse. Il ne se mettra généralement pas au point avant que le support du langage écrit permette une saisie plus précise des relations.

La construction du langage dure... dix ans, parfois quinze. Elle est facilitée par celle du *langage écrit*. Le sourd qui lit correctement et aime lire peut acquérir une connaissance du langage normale. Cependant, au bout du compte, beaucoup de sourds n'arrivent pas à communiquer oralement ou sont limités à des échanges très sommaires. L'observation systématique d'enfants sourds de 12 à 15 ans qui ont bénéficié depuis la petite enfance d'aide spécialisée montre que, pour la plupart, ils parlent mal, avec des difficultés multiples :

— La voix reste mal posée, rauque, mal contrôlée. La gêne est moindre pour les enfants appareillés tôt chez lesquels on peut entretenir les premières productions vocales.

— Le débit, l'écoulement de la parole est souvent irrégulier, heurté, trop lent, ou bousculé.

— La mélodie est souvent inexistante ou déformée ; les accents ne tombent pas sur la bonne syllabe ; l'intonation est rarement contrôlée.

— L'articulation des phonèmes a besoin d'être corrigée et recorrigée car, en l'absence d'autocontrôle, les points d'articulation ne sont pas acquis définitivement.

— La forme des mots et des expressions est imprécise, mal saisie, mal reproduite, ce qui entraîne des confusions de sens.

— Le lexique est habituellement pauvre, imprécis (beaucoup de *faire, chose, machin, et tout ça*), avec de nombreuses confusions. Les nuances sont mal perçues, l'enfant ne comprend pas par exemple la différence entre *long-grand*.

— Dans les formes de la langue et leur agencement persistent longtemps (parfois toujours) des incorrections de différentes natures.

Deux explications sont évidentes et très corrélées :

— L'absence de modèle spontanément perçu, l'enfant n'utilise que des formes apprises et les assemble comme il peut, par exemple :

j'attends *le* taxi — pour *un*
la fille *de* directeur — pour *du*.

— Il assemble ainsi des éléments ou des morceaux de discours incompatibles, ou dans un ordre d'agencement non admis :

le chat *lui* griffe *à* la main
i va préparer *les* (pour *ses*) affaires
c'est *tout lui* qu'a pris (*lui* qui a *tout* pris)

ou en omettant des petits mots qui ne sont pas indispensables à la compréhension :

i (se) promène avec son chien
je (les) prépare toutes
i voudrait bien (y) aller.

Ces fautes ne diffèrent pas profondément de celles qui émaillent les propos d'enfants dysphasiques. Elles ressemblent aussi à celles que font des étrangers qui utilisent maladroitement des formules toutes faites. Voilà bien l'un des problèmes de l'enfant sourd : il apprend des éléments de la langue mais a beaucoup de peine à en maîtriser le fonctionnement. Certains n'arrivent jamais à la mobilité et aux qualités de généralisation qui sont nécessaires pour être à l'aise dans le langage.

Les mêmes difficultés se retrouvent dans le langage écrit. Si l'on exclut les quelques sourds qui arrivent à un niveau d'études supérieures, la plupart ne sont pas à l'aise dans l'écrit : leurs lettres sont émaillées d'erreurs de ponctuation, de fautes d'orthographe (souvent confusions phonétiques ou erreurs déjà signalées à l'oral) avec confusion ou omission d'articles, de prépositions, de pronoms. Ils lisent mal, n'aiment pas lire et tirent peu de connaissance de la lecture.

C) *L'entraînement de la voix, de l'articulation et de la parole.* — Spontanément, l'enfant ne fait pas fonctionner les organes de la phonation. Il n'entend pas ses vocalises et plus tard n'aura jamais l'autocontrôle de sa voix et des paroles qu'il produit. Il faut avoir recours à des astuces pour déclencher, entretenir et contrôler des fonctionnements qui ne sont pas naturellement stimulés en raison de la surdité.

Le bébé sourd émet des sons, mais son *babil* diminue et s'éteint vers 5 ou 6 mois (entre la 17e et la 25e semaine d'après les enregistrements de M. Mavilya,

1970). Si l'on espère faire parler l'enfant, il faut tout mettre en œuvre pour entretenir ces émissions vocales et l'ensemble des phénomènes moteurs qui participent à la production de la parole chez l'enfant entendant (souffle, cri, rire). C'est le premier pas d'une éducation systématique de la voix, de l'articulation et des qualités mélodico-rythmiques de la parole. Comment s'y prendre ?

L'adulte montre qu'il réagit aux productions vocales que le bébé n'entend pas lui-même. Il les répète, les amplifie et parle en attirant l'attention du bébé. Il s'exclame et met en jeu un rituel d'emphase pour faire percevoir à l'enfant qu'il a produit quelque chose de très important, que cela fait plaisir et déclenche une petite séquence ludique qui peut donner lieu à des répétitions. Il saisit toutes les occasions de faire percevoir à l'enfant les sons et bruits qu'il produit, en utilisant des instruments qui traduisent ces phénomènes dans d'autres modalités. Un micro approché de la bouche de l'enfant déclenche un signal lumineux.

Il capte l'attention de l'enfant en produisant lui-même des *jeux buccaux sonores*. Par exemple des vibrations des lèvres (quand on fait « la pluie »), des *bip*, *bip*, *bip* répétés, des claquements de langue, de lèvres. L'enfant voit le mouvement des lèvres, perçoit les vibrations et apprend des distinctions de plus en plus précises. Dans les jeux communs, l'adulte montre sa bouche, puis taquine l'enfant, fait vibrer ses lèvres, met ses lèvres contre la main de l'enfant, ou d'autres parties du corps en vibrant, en faisant *bip*, *bip*, *bip*. Si l'enfant ébauche des imitations de ces jeux, elles sont l'objet des mêmes renforcements que les productions vocales.

L'enfant est entraîné à produire du souffle. Il souffle dans des jouets sonores, des flûtes, des pipeaux, des sifflets ou des pailles. Fort ou faible. Tenu ou discontinu. Il souffle sur des papiers qui s'envolent, des plumes, des bougies, sur sa main, sur un miroir. On s'imite, on joue.

Cette activité commune ne suit pas un programme. Elle s'accroche aux productions de l'enfant, continue, sans attendre de résultats immédiats, bondit sur toutes les occasions pour susciter et encourager des activités. La production d'une forme sonore, d'une « préforme », est facilitée par cet entraînement, même si elle ne survient qu'à 2 ou 3 ans. L'enfant est amené à utiliser les organes de la phonation. Même s'il a beaucoup à apprendre pour contrôler le larynx, acquérir les points d'articulation, il n'est plus « muet ». L'articulation va pouvoir moduler les productions sonores (12).

Il faut l'aider sans hâte. Lui laisser le temps de produire des vocalisations différentes, dans des positions qui les favorisent. Lorsque la maturité de l'enfant le permet, intervient une aide plus systématique pour qu'il arrive à trouver et reproduire les points d'articulation des phonèmes (comment placer la langue, quelle forme donner à la bouche, aux lèvres).

Cette aide technique s'adresse à un enfant qui a déjà des émissions vocales spontanées ou semi-spontanées et qui les utilise dans l'intention de signifier quelque chose. Elle doit souvent être poursuivie très longtemps, car en l'absence d'autocontrôle les acquisitions sont très labiles. Il en est de même des éléments intonatifs qu'il est difficile de faire acquérir à un sourd profond.

(12) On appelait *démutisation* l'ensemble des activités par lesquelles on essayait de transformer un enfant sourd-muet en sourd-parlant. C'est encore ce que l'on fait avec un enfant dont on ne commence à s'occuper qu'à 6 ou 7 ans. En principe, avec l'aide précoce l'enfant n'est pas vraiment muet. Il n'existe plus ces longues années initiales de mutisme absolu.

3. **Réflexions sur la précocité.** — Il existe des divergences méthodologiques, mais sur un point, l'accord est général, c'est la précocité. Les moyens d'investigation actuellement disponibles cherchent à obtenir un diagnostic précoce. Puis un appareillage précoce dont l'enfant va tirer un certain bénéfice grâce à une éducation auditive, elle aussi précoce. Il ne s'agit pas là d'une mode, ni de précipitation ; ce parti pris est réellement justifié, à plus d'un titre.

On connaît désormais beaucoup mieux l'importance de la petite enfance pour le développement ultérieur de l'enfant. Indépendamment de la surdité : les relations qu'il entretient avec ses proches et le monde environnant qui peut être plus ou moins attractif et stimulant ; le démarrage de ses capacités motrices, intellectuelles, émotionnelles qui est en relation avec ce que vivent l'enfant et ses proches.

On connaît aussi l'importance de phénomènes maturatifs, notamment la facilité des enfants pour organiser le langage à l'âge normal de l'acquisition, une période au-delà de laquelle tout se met en place de façon plus lente, plus laborieuse et moins parfaite. On sait aussi qu'une fonction nerveuse ne se développe pas si elle n'est pas sollicitée ; en d'autres termes, les centres auditifs ne s'organisent pas s'ils ne reçoivent aucun message pendant l'enfance, et après, il est trop tard.

On constate encore que l'enfant progresse très vite et naturellement par imitation, par jeu, en situation ; mais en l'absence de modèle, s'il ne perçoit pas ces modèles ou si l'entourage ne les lui fournit pas, il va rester passif, non intéressé et sera moins éveillé.

Voilà un résumé des arguments essentiels. Ils sont renforcés par l'observation. Le comportement d'un bébé change souvent de façon spectaculaire quand il est appareillé : on peut alors accrocher son regard, on voit se multiplier les signes d'éveil et d'intérêt qui ne s'étaient pas manifestés jusque-là. La prothèse permet l'éveil auditif.

Les activités que l'on propose au bébé visent pour la plupart à ne pas laisser s'accumuler les conséquences négatives de la surdité : entretenir le babil qui s'éteindrait si on ne le stimulait pas, entraîner l'enfant à contrôler les bruits buccaux qui l'amusent, à souffler, à crier. Il est beaucoup plus difficile de réintroduire des activités lorsque l'enfant en a passé l'âge.

Les activités groupées jusque-là sous le terme Education Précoce réunissent tout ce qui peut permettre à l'enfant de développer en temps voulu ses capacités perceptivo-motrices, intellectuelles et comportementales, d'être à l'aise dans la vie et de se préparer au langage. Jusqu'aux années 80, il s'est agi à peu près uniquement de langage oral, même si la plupart des rééducateurs encourageaient tous les moyens mimo-gestuels qui pouvaient faciliter les progrès.

La réintroduction de la communication gestuelle apporte un élément supplémentaire dans ces réflexions sur la précocité. Elle constitue, nous l'avons vu, le moyen de communication le plus simple, le plus évident et le plus précoce avec un enfant sourd profond. Elle permet qu'il n'y ait pas de coupure dans la communication et la transmission d'un système de signification.

Malgré ces avantages, on ne peut en tirer un schéma méthodologique qui serait valable dans tous les cas. Les questions peuvent être posées simplement : va-t-on commencer par la modalité gestuelle ? la proposer à tous les enfants ? dans tous les milieux ? adopter pour tous un apprentissage bimodal (oral-gestuel) ?

Les questions semblent simples ; les réponses sont

nuancées, car il existe de nombreuses variables. Les plus évidentes sont liées à l'enfant : supporte-t-il bien sa prothèse ? la réclame-t-il lorsqu'on l'oublie ? que préfère la famille, ce qui est un argument de poids, dans la mesure où l'on demande tant à l'entourage ; celui-ci ne peut soutenir une aide dont il n'approuverait pas les principes.

L'appareillage précoce permet, dans de nombreux cas, d'introduire très tôt des activités perceptives et vocales. Les réponses de l'enfant sont alors souvent décisives. Si l'appareil marche bien, si l'enfant commence à émettre quelques productions vocales et manifeste de l'intérêt pour la parole, il devient évident que l'on va privilégier la modalité orale, même si quelques gestes sont utilisés parallèlement pour faciliter la communication.

Par contre, lorsqu'un enfant tire peu de bénéfice de sa prothèse, n'a pas de productions vocales, manifeste peu d'intérêt pour les activités perceptives, on va tout naturellement utiliser la communication gestuelle qui va être en quelque sorte sa langue de démarrage. Cette attitude ne signifie pas que l'on renonce à l'oral ; on poursuit les activités qui permettront peut-être à l'enfant d'accéder un peu plus tard à l'oral. Ce qui est nouveau depuis les années 75-80 est que ces différentes formules permettent d'accéder au langage et aussi à un développement intellectuel et social, à des enfants sourds profonds qui ne démarrent pas en langue orale, enfants qui autrefois se retrouvaient, à 6 ou 7 ans, muets, dans une situation d'échec irréversible.

Jusqu'aux années 80, la plupart des publications traduisaient le souci de mieux adapter la pédagogie aux enfants sourds, d'éviter leur échec scolaire. La réponse s'est glissée comme toutes ces vérités qui une fois révélées semblent des évidences : c'est bien avant l'âge de l'école que se joue le devenir, celui de l'enfant sourd, comme de tout autre enfant.

Faut-il rappeler que le langage s'exprime par l'oral, l'écrit, le geste ? Pour acquérir la lecture et l'écriture, l'enfant doit avoir un langage structuré ; il est préférable qu'il s'agisse du langage oral sur lequel se calque parfaitement le langage écrit.

Chapitre III

L'ENFANT SOURD DANS LA SOCIÉTÉ

Elever un enfant, c'est l'amener à être autonome dans sa vie matérielle, affective et sociale. C'est l'armer contre les à-coups de la vie en essayant de lui donner une idée de lui-même à peu près bonne. L'enfant sourd a l'occasion de vivre bien des à-coups. Il a pu apprendre à les encaisser et peut avoir au bout du compte une idée de lui-même aussi nette et aussi solide que d'autres enfants. Ni résigné, ni passif, ni révolté. Il construit une image de lui-même modelée par tout ce qu'il a vécu, ce qu'apporte l'entourage immédiat et ce que fournit la société dans laquelle il va avoir à se faire une place.

Ce chapitre présente ce qui existe concrètement. Quelles sont les possibilités pour élever un enfant sourd aujourd'hui ? Dès que le diagnostic de surdité est porté, l'enfant et sa famille sont embarqués dans une aventure bien plus complexe que l'éducation d'un enfant entendant. Nous nous limitons ici aux ressources disponibles dans l'Hexagone, non pour ignorer ce qui est réalisé ailleurs ou dans l'illusion que nos formules sont idéales. Dans chaque pays, les réalisations médico-sociales et pédagogiques dépendent des possibilités matérielles, du progrès et de la cohérence des idées et aussi des réalités (ce qui existe déjà et ne peut être remanié sans cesse). Les formules proposées ailleurs s'appuient sur les mêmes méthodes qui se combinent dans différentes formules. Partout, les structures organisées cherchent à favoriser l'évolution de l'enfant dans la vie familiale, la vie scolaire, le choix d'une profession et les activités de la vie.

Des réalisations comme Gallaudet College aux Etats-Unis ne sont possibles que dans des pays de forte population (de même que les Etats-Unis présentent aux Jeux Olympiques un plus grand nombre d'athlètes de très haut niveau que les nations de dimension moindre), avec des moyens matériels importants et l'infrastructure de l'Université américaine. La communication des idées permet que de telles réalisations montrent à tous que l'on peut proposer un autre avenir aux sourds. Tous ne peuvent cependant faire de carrière universitaire, mais il en est de même chez les entendants.

I. — Dans la vie familiale

Nous avons souligné à plusieurs reprises le rôle exceptionnel des parents et de l'environnement dans la petite enfance. Voilà qui fait apparaître d'entrée de jeu des inégalités. L'entourage fournit parfois des conditions optimales (bonne entente, dynamisme, niveau socioculturel, possibilités matérielles). A l'opposé, il existe des familles très démunies, éprouvées par la vie, dans lesquelles la surdité introduit des difficultés insurmontables. Les parents ne peuvent faire face, notamment lorsqu'ils sont eux-mêmes handicapés mentaux, malades, en rupture avec l'ordre social, mal insérés professionnellement.

Entre ces extrêmes, les parents assument comme ils peuvent les petits et grands problèmes de la vie. L'enfant y trouve sa place, bien ou mal. L'équilibre est mis à l'épreuve par la surdité qui peut tout ébranler ou au contraire consolider.

Il faut consacrer beaucoup de temps à l'enfant sourd. S'en occuper différemment. S'engager plus personnellement. La plupart des parents le comprennent. Certains suivent trop aveuglément les consignes au point de négliger leur vie personnelle ou les autres enfants. Paradoxalement ceux-ci sont souvent frustrés et jaloux de l'enfant handicapé qui, en apparence ou en réalité, monopolise l'attention. Le diagnostic de surdité entraîne on le voit un réajustement de la vie familiale.

Quelle aide les parents vont-ils trouver ? Ils ne peuvent élever un enfant sourd en solitaires. Ceux qui s'occupent du tout-petit n'interviennent qu'à travers les parents. Ceux-ci assument des rôles multiples, à la fois acteurs principaux et intermédiaires dans une tâche qui les engage à double titre, dans leur vie personnelle et dans leur rôle de parents.

Il importe qu'existent entre les parents et l'équipe qui s'occupe de l'enfant des échanges, une entente, une empathie et un dynamisme communs. Les parents savent qu'ils peuvent s'informer, parler des problèmes (ceux qui sont liés à la surdité et ceux qui leur sont personnels), ajuster leur rôle et intervenir dans les choix importants.

Les premiers contacts s'établissent avec l'équipe médicale qui prend en charge l'étape initiale du diagnostic et de l'appareillage et oriente le démarrage de l'aide. Il s'agit d'*une équipe pluridisciplinaire* qui compte généralement un audiophonologiste, un oto-rhino-laryngologiste spécialisé dans la surdité infantile, un audio-prothésiste, un psychologue, un pédopsychiatre, une orthophoniste, une jardinière d'enfants, une assistante sociale. C'est alors que démarre l'*Education Précoce* qui peut se dérouler dans des cadres différents : service hospitalier, centre inséré dans un établissement de sourds, dans un CMPP et enfin dans ces structures récentes que sont les CAMSP (1) où une équipe pluridisciplinaire est spécialisée dans les interventions précoces. L'aide peut être assurée par une orthophoniste compétente pour la surdité qui prend la responsabilité de la rééducation.

Certains parents souhaitent s'appuyer sur des documents précis ; ils ont besoin de conseils présentés sous forme didactique.

Des publications ont été conçues à leur intention ; le modèle en est le programme pour parents de la John Tracy Clinic aux Etats-Unis dont certains fascicules ont été traduits en français. Il existe également des brochures d'information ou des livres qui répondent à leurs questions (2). Ces publications restent valables quant au fond, bien qu'elles soient antérieures à la réintroduction de la modalité gestuelle.

Les parents souhaitent apprendre ce qui peut aider l'enfant, gestes ou *cued-speech*. L'apprentissage de la Langue des Signes leur est proposé « en direct » dans différentes formules : cours du soir, séminaires, stages où ils peuvent venir s'informer, s'initier ou parfois réellement « apprendre ». Cet éventail de possibilités est né de la concordance de deux dynamismes : la demande des parents et l'initiative de jeunes sourds qui n'avaient pas bénéficié eux-mêmes de langue gestuelle pendant leur scolarité, mais en avaient compris la nécessité absolue. De nombreuses formules sont proposées un peu partout, par des centres, des établissements, des groupements de parents. Des cas-

(1) CAMSP = Centre d'Action Médico-Sociale Précoce.

(2) Deux livres peuvent être consultés par les parents : A. Morgon, P. Aimard et N. Daudet, Education précoce de l'enfant sourd. A l'usage des parents et des éducateurs, Ed. Masson, 2e éd., 1980 ; C. Lepot-Froment, L'enfant sourd raconté par ses parents, Ed. Cabay, Université de Louvain, 1981. Un guide a été réalisé à la demande de l'Union nationale pour l'Insertion des Déficients auditifs.

settes vidéo permettent aussi de compléter l'apprentissage direct (3).

Les parents ont aussi l'initiative de groupes ou associations locaux. Ces groupements s'organisent spontanément lorsque les enfants fréquentent le même centre, la même école. Ils favorisent des aménagements matériels (transports, loisirs, vacances) et fournissent une ouverture de vie profitable à tous. Les *associations de parents* ont ainsi des dimensions, des objectifs et des activités divers. Depuis des groupes locaux jusqu'aux associations de dimension nationale qui sont elles-mêmes en relation avec leurs homologues à l'étranger (4).

La dynamique familiale diffère suivant que les parents sont sourds ou entendants. Les parents sourds n'ont pas de difficultés de communication, et demandent moins de conseils car leur enfant ne leur pose généralement pas de problème. Sur la surdité, ils ne demandent pas d'explication. Ils en ont une connaissance intuitive, vécue, même si leur idée ne traduit qu'un point de vue partiel.

Des recherches publiées aux Etats-Unis comparent des enfants sourds issus de famille sourde et enten-

(3) Documents réunis par l'ANPEDA.

(4) Parmi les associations : ANPEDA : Association nationale des Parents d'Enfants déficients auditifs (revue mensuelle : Communiquer) ; 2 LEP : deux Langues pour une Education ; FNAPEDIDA : Fédération nationale des Associations de Parents des Institutions de Déficients auditifs ; CLAPEAHA : Comité de Liaison des Parents d'Enfants et d'Adolescents atteints de Handicaps associés.

D'autres groupent également des adultes sourds : la Ligue nationale de la Surdité ; CNSF : Confédération nationale des Sourds de France ; UNISDA : Union nationale pour l'Insertion sociale des Déficients auditifs ; l'IDDA : Information Documentation sur la Déficience auditive est un centre d'information ouvert à tous.

On ne peut citer tous les organismes qui ont souvent leur orientation propre (par exemple ceux qui groupent les « devenus sourds », problème différent de celui des enfants).

dante, appariés par le sexe, l'âge, le quotient intellectuel et les conditions socioculturelles. Les enfants dont les parents sont sourds obtiennent de meilleurs résultats pour la scolarité, la communication et la socialisation. Ils sont en effet relativement plus favorisés en ce qui concerne la communication précoce et la saisie de la réalité. Ils réussissent mieux au bout du compte alors que leurs parents n'ont même pas un usage courant de la langue parlée. Par contre, ils sont défavorisés pour apprendre la langue orale. Il faut évidemment encourager le plus tôt possible les contacts avec les membres de la famille qui ne sont pas sourds, grands-parents, cousins, amis. Ils peuvent fournir à l'enfant l'image du monde parlant dont il ne peut avoir conscience par l'intermédiaire de ses parents.

Il faut évoquer aussi le cas du bébé entendant dont les parents sont sourds, bien qu'il se situe à la limite de notre sujet. Cet enfant communique par gestes avec ses parents, comme s'il était sourd. Il est souvent très à l'aise en ce qui concerne l'éveil, la communication et la débrouillardise. Mais ses parents ne peuvent évidemment lui apprendre à parler oralement. Il ne reçoit que des bribes de parole, généralement un discours qui ne lui est pas adressé directement : il entend la télévision ou des propos décousus glanés dans la rue ou en jouant.

L'entourage doit être informé très précisément. La constellation familiale élargie joue un rôle irremplaçable pour fournir à l'enfant les modèles de la langue parlée et aussi l'image d'adultes parlant couramment. En principe, l'enfant construit en même temps des échanges gestuels avec ses parents (les gestes qu'ils utilisent et ne sont pas toujours exactement la Langue des Signes) et la langue orale avec les autres. En grandissant, ces enfants aident leurs parents qui ne peuvent pas se débrouiller seuls pour certaines démarches ; ils sont leur porte-parole, leur « assistant social » (communication de L. Ferruccio). Maintenant encore, ils ont souvent de la Langue des Signes un vécu pénible, conscients de la gêne qu'éprouvent leurs parents pour communiquer. Eux-mêmes sont partagés entre les deux appartenances. Ceux qui ont acquis une Langue des Signes bien structurée et qui ne sont pas trop blessés par cette situation pourraient devenir de bons *interprètes langue des signes - langue orale* (5).

Pour les parents entendants, il s'agit, nous l'avons vu, de s'adapter à une situation inconnue et de s'y adapter vite. C'est pendant les toutes premières années que s'amorce l'essentiel avant que l'enfant commence à fréquenter l'école. Il existe pendant les trois premières années une disproportion évidente. L'enfant n'est pas encore pris dans les structures scolaires ; il bénéficie d'une aide spécialisée une heure ou deux par semaine (ce qui est infime) alors qu'il passe tout son temps dans son milieu familial, avec sa mère le

(5) On fait appel à un interprète dans de nombreuses situations où entendants et sourds ne peuvent communiquer directement :

— dans des contextes officiels ou administratifs ; pour recueillir le témoignage d'un sourd, obtenir des informations ; lors d'hospitalisation, en cas d'accident, de procès, d'actes officiels ;
— dans des situations culturelles ou pédagogiques, cours, réunions ou congrès auxquels participent sourds et entendants. Pour aider des enfants sourds qui fréquentent des classes pour entendants.

La demande d'interprètes se fait de plus en plus pressante. Les interprètes actuels sont peu nombreux, ils ont obtenu un diplôme qui date de juin 1980 : il faut le temps de former des interprètes. Il ne suffit pas d'entendre, de parler français et de connaître la Langue des Signes pour devenir interprète. Il faut une très bonne connaissance du français, une aisance absolue en Langue des Signes, des connaissances sur l'interprétation et un niveau culturel qui permette de s'adapter à différents discours.

Les interprètes en Langue des Signes sont groupés dans l'Association nationale française des Interprètes pour Déficients auditifs.

plus souvent. L'aide apportée à l'enfant passe par l'intermédiaire de la mère dont le comportement peut transformer totalement le déroulement des premières années. Même si en apparence beaucoup d'enfants font encore très « bébé », à 3 ans ils possèdent déjà un réseau d'habitudes interactionnelles et de significations sans lesquelles l'école ne peut rien construire.

Les parents sont soucieux, nous l'avons vu, de communiquer avec leur enfant, de favoriser le langage, par toutes les voies, de répondre le mieux possible aux problèmes éducatifs. Il leur revient aussi, et c'est une tâche immense, de mettre en œuvre tout ce qui peut favoriser l'éveil de l'enfant, l'organisation de sa pensée, sa façon de trouver sa place dans le monde qui l'entoure. Tous les parents se trouvent devant ces tâches, mais ils ne suivent pas de programme et sont rarement amenés à analyser comment ils s'y prennent avec des enfants qui n'ont pas de problèmes. Lorsque l'enfant est sourd on doit obligatoirement réfléchir, mettre de l'ordre dans les attitudes quotidiennes, savoir où l'on va. Tous ne s'y prennent pas de la même façon ; il n'est pas possible de donner des directives qui « marcheraient » avec tous les enfants. Nous citons le témoignage de la mère d'une petite fille sourde de 3 ans et demi (rapporté par C. Lepot-Froment dans *L'enfant sourd raconté par ses parents*, Ed. Louvain-la-Neuve, 1981) qui explique sa réponse personnelle aux conseils donnés, c'est une attitude possible parmi bien d'autres :

« On m'a conseillé de découper des images dans des livres, c'est laborieux... et ça coûte cher ! mais enfin, je suis sûre d'avoir les images sous la main et de pouvoir montrer tout de suite à ma petite fille ce qu'il faut lui montrer. Je dessine aussi. Au départ c'est grâce aux dessins et aux images que les enfants apprennent les mots, et aussi la vie, et un peu tout... Il faut se rendre très disponible, avoir toujours son papier et son crayon, et ne pas avoir peur de dessiner, même si on croit qu'on dessine mal... C'est très important aussi que je la représente, elle. Le jour où elle a deux petites tresses, je la représente comme ça. Le jour où elle a un chignon, même chose, je la représente. Elle sait bien que c'est elle, comme ça ! Et pour les coloris aussi. Bon, le jour où elle a une robe rouge, je mets du rouge sur le dessin, ça va bien. On a aussi acheté un appareil photo qui donne des photos instantanées, mais en noir et blanc, parce que cela revient moins cher ! C'est très utile parce qu'il y a des choses, quand même, que je ne sais pas dessiner...

« Quand j'arrive à dessiner ce qui se passe, je dessine, quand je n'y arrive pas, je prends une photo... Mais parfois aussi j'utilise d'autres choses. Par exemple quand on va au magasin, je garde pour elle le ticket qu'on me donne à la caisse... Je m'arrange toujours pour qu'il reste une trace... Il faut montrer le maximum de choses à l'enfant mais, surtout, il faut lui faire faire des expériences. »

II. — Dans la vie scolaire

Dans le passé, la plupart des enfants sourds fréquentaient des établissements qui leur étaient réservés, *des instituts spécialisés* qui étaient souvent des internats : « les sourds-muets ». Le recrutement de ces établissements s'est modifié. Leur fonctionnement a été profondément remanié car leur principe même ne permettait pas de fournir aux enfants l'aide dont les grandes lignes ont été expliquées jusque-là.

Ils recevaient des enfants déjà âgés, 6 ou 7 ans, qui n'avaient bénéficié d'aucune aide précoce. Voilà au départ un retard irréparable et de « mauvais cas » avant même d'avoir commencé.

Ils réunissaient tous les inconvénients de l'internat dont on sait bien qu'il ne fournissait pas aux enfants des conditions idéales d'éveil et d'épanouissement, notamment dans les cas de séjours prolongés. Certains constituaient des foyers de sclérose pédagogique.

Ils ajoutaient à ces défauts celui de grouper les sourds entre eux en les coupant de tout contact avec des entendants. Ils vivaient alors dans leur univers clos, coupé de la vie active. Pour certains, un véritable ghetto qui aggravait la ségrégation et ne pouvait qu'accentuer l'insuffisance du développement intellectuel, la pauvreté culturelle et le manque d'expérience de la vie. Un handicap irréversible pour l'insertion sociale ultérieure.

L'organisation des instituts a évolué en même temps que les tendances pédagogiques générales et les vues sur l'éducation des sourds. Ils sont devenus des établissements ouverts, reçoivent des externes et proposent, pour la plupart, des formules souples, certains internes pouvant, par exemple, fréquenter des établissements scolaires des environs. Le personnel des établissements a également élargi les contacts avec les familles et l'ouverture sur le monde. Un vent de changement a totalement modifié l'image des institutions d'antan.

Parmi les différentes formules proposées actuellement, les *instituts spécialisés* sont indispensables pour plusieurs types d'enfants. Ceux qui habitent à proximité tout d'abord et aussi les enfants de milieu rural ou isolé géographiquement ; ceux dont les parents ne parlent pas la langue française. Ils accueillent aussi des enfants sourds qui ne peuvent bénéficier d'autres formules, notamment lorsque le milieu familial est insuffisant, voire inexistant (santé, pauvreté socioculturelle extrême, problème psychiatrique ou judiciaire, enfant sans famille). Ces enfants ont rarement bénéficié d'une aide précoce du fait de ce contexte péjoratif, ils présentent souvent des difficultés d'ajustement psychologique qui relèvent autant de leur situation que de la surdité. Pour certains enfants sourds profonds ou sévères, l'internat spécialisé est donc la seule solution possible (6), notamment lorsque d'autres troubles s'associent à la surdité (7).

(6) Le phénomène week-end transforme souvent la formule en internat de semaine. Toutes les fois que cela est possible, les enfants quittent l'établissement pendant le week-end, ce qui respecte en même temps les attaches familiales de l'enfant et les besoins de week-end du personnel des établissements.

(7) Les enfants sourds porteurs d'un autre handicap sont reçus dans certains établissements, notamment à Poitiers (Centre pour sourds-aveugles de

Actuellement, les parents préfèrent élever leur enfant dans le cadre familial, en tout cas lorsqu'ils ont à proximité une équipe de soins et une formule scolaire convenable en externat ou demi-externat.

Les débuts se font à l'école maternelle, à 3 ou 4 ans, à temps partiel pour réserver des plages de temps à l'éducation personnalisée. On peut choisir initialement une école tout venant. La communication avec les enfants entendants ne pose guère de problème à cet âge. Il suffit que l'institutrice accepte l'enfant, se mette en contact avec la famille et l'éducatrice. Il existe aussi des classes maternelles réservées aux sourds. Les mêmes choix existent au niveau de la scolarité primaire puis secondaire.

Par la suite, des études universitaires sont accessibles à un petit nombre de sourds lorsqu'est réuni tout un faisceau d'éléments favorables. Toutes les équipes qui suivent des enfants sourds peuvent faire état de quelques réussites exemplaires. Il ne s'agit que d'un tout petit nombre et, comme pour toute réussite, il faut se garder d'en tirer des conclusions générales (8).

Larnay), dans des IMP comme celui de Saint-Laurent-en-Royans (Drôme), Saint-Hippolyte-du-Fort (Gard) ou les Gravouses (Puy-de-Dôme) dont le recrutement est régional.

(8) Le modèle américain de Gallaudet College constitue une référence fascinante pour tous. Une réalisation exceptionnelle, aux dimensions américaines, qu'il est bien difficile de transposer dans nos pays occidentaux de population réduite.

La première école pour les sourds aux Etats-Unis est ouverte par Thomas Hopkins Gallaudet en 1816, après une tournée en Europe où il étudie les réalisations qui existaient alors en Grande-Bretagne et en France, et suit pendant plusieurs mois l'enseignement de Sicard. Initialement cette école utilise communication orale et manuelle.

L'établissement devient en 1864 le Gallaudet College (à Washington DC) qui se consacre initialement à l'enseignement secondaire pour se transformer jusqu'à sa formule actuelle, une véritable cité, comme le sont les universités américaines, dont les structures multiples sont centrées sur la pédagogie des sourds, de la petite enfance à l'âge adulte avec

Dans la pratique, il existe plusieurs formules de scolarité pour les enfants sourds.

Les *classes spécialisées* accueillent des sourds profonds ou sévères qui ont pour la plupart été aidés depuis la petite enfance. Ce sont des classes à petits effectifs, assurées par des instituteurs spécialisés pour les déficients auditifs. Elles utilisent un équipement technique plus ou moins complexe suivant les établissements. Chaque enfant reçoit individuellement une aide orthophonique et pédagogique. Ces classes ne diffèrent pas profondément des établissements spécialisés ; elles fonctionnent avec les mêmes pédagogues et les mêmes méthodes. Les enfants de la classe vivent surtout entre eux, jouent entre eux et se mêlent souvent peu aux autres enfants de l'école.

Le *principe de l'intégration* ne s'applique pas uniquement aux sourds (9). Il entre dans le cadre d'une politique globale, celle de l'intégration dans la société des individus handicapés. Il a toujours existé des cas isolés d'enfants sourds qui ont bénéficié d'une *intégration sauvage* ; les parents ou l'équipe de soin se débrouillant pour trouver un établissement sco-

— un programme préscolaire, de 3 à 7 ans qui depuis 1970 est à la fois oral et manuel : Signs English Preschool Project ;
— une école primaire et secondaire, Kendall School, où, il faut bien le souligner, l'enseignement a été strictement oral jusqu'en 1970 ;
— l'université, la seule université au monde accueillant en majorité des sourds ; elle recevait en 1978 1 200 étudiants sourds (certains porteurs de handicaps multiples, malvoyants par exemple), 260 étudiants au niveau graduate ; 36 % des professeurs universitaires sont sourds. Le président de l'université est sourd profond ;
— un secteur consacré à la recherche et la diffusion des activités de l'université, notamment des travaux sur la Langue des Signes. C'est dans ce cadre que se situent les travaux de W. Stokoe.

(9) L'intégration a déjà été préconisée en 1859 : le Dr A. Blanchet, chirurgien à l'Institut impérial des Sourds-Muets de Paris, envoie à tous les préfets de France un fascicule intitulé : Moyens de généraliser l'éducation et par là l'assistance des sourds-muets et des aveugles sans les séparer de la famille des parlants et des voyants. Il rapporte que 148 enfants ont ainsi été intégrés dans la Seine, en 1855.

laire (10) qui accueille l'enfant dans une classe normale. Depuis 1978, l'intégration a pris une tournure officielle, elle prévoit la fréquentation d'une classe tout venant par des enfants sourds qui bénéficient par ailleurs d'un soutien personnalisé. Deux ou trois enfants par classe pour ne pas alourdir la tâche des maîtres. L'enfant sourd peut ainsi partager les activités et les jeux des enfants de son âge et ne vit pas uniquement au milieu de sourds comme c'est le cas dans les classes spécialisées. Cette formule peut être extrêmement positive, mais seuls les enfants sourds qui ont un niveau de langue orale et une compréhension confortable du français parlé à 6 ou 7 ans peuvent en profiter. Ils sont aidés par un orthophoniste ou trouvent dans le cadre scolaire orthophonie et soutien pédagogique, ce qui est la meilleure formule. Un sourd qui a très peu de langage à 6 ans a peu de chances de réussir dans une classe d'entendants.

Pour suivre les activités scolaires destinées aux entendants, les enfants sourds doivent fournir un effort considérable et être aidés de façon exceptionnelle. Toutes ces conditions ne sont pas toujours réunies ; tous les sourds ne peuvent être intégrés.

Outre les bénéfices qu'eux-mêmes en tirent, la présence d'enfants sourds dans une classe standard est profitable pour les entendants, contrairement au sentiment des parents qui sont à peu près toujours inquiets de voir leurs enfants se mettre à faire des gestes. Les écoliers dont un camarade est sourd apprennent à vivre avec lui. Ils jouent ensemble et se débrouillent toujours pour communiquer, même si ce n'est pas parfait. L'enfant sourd est un enfant comme un autre.

(10) C'est dans *un établissement privé* qu'une telle insertion est possible le plus souvent.

Cette expérience de vie a des répercussions dont on apprécie insuffisamment la portée sociale. Pourquoi la plupart des adultes sont aussi empruntés avec les sourds ? Ils ne se sont jamais trouvés devant cette situation et ne savent pas comment s'y prendre. La cohabitation en classe prépare une société plus attentive et plus à l'aise avec les sourds.

Une *pédagogie « bimodale »* est la formule la plus récente. L'enfant qui a démarré avec les deux modalités gestuelle et orale trouve dans une classe de ce type le prolongement logique de l'éducation précoce. Il est rare en effet qu'un enfant sourd profond de 6 ans soit suffisamment à l'aise dans la langue orale pour aborder la scolarité primaire avec des entendants. S'il est possible que l'enseignement lui soit fourni dans les deux modalités, il devient évident qu'il peut apprendre comme un autre.

Le témoignage de D. Bouvet (Fondation Borel-Maisonny, Paris, 1979) (11) illustre de façon très convaincante l'intérêt d'une pédagogie « bilingue ». Elle tente initialement de « donner la parole » à des enfants sourds qui se trouvaient en situation d'échec, n'ayant rien acquis par un enseignement oral et renoncé plus ou moins à la communication. Elle y réussit par l'activité qui semble la plus simple et la plus évidente avec de jeunes enfants, en leur racontant des histoires. Une jeune femme sourde les raconte en Langue des Signes avec une pantomime qui accroche l'intérêt des enfants. Danièle Bouvet dit à son tour l'histoire en parlant, en utilisant les mêmes termes

(11) D. Bouvet adopte dans sa pratique une technique « classique » d'apprentissage de la langue orale. Elle a surtout contribué à montrer que la modalité gestuelle, première langue de l'enfant sourd, permet de lui « donner la parole ». Elle rapporte son témoignage dans La parole de l'enfant sourd, Paris, Presses Universitaires de France, coll. « Le Fil rouge », 1982.

simples, les mêmes formules qui ont été signées. Il en naît des échanges, des questions, des explications, des jeux avec ces enfants dont l'adulte trouve enfin « le regard ».

L'enfant qui a connu dès le début une éducation bimodale peut retrouver la même formule dans sa scolarité. Quel que soit son niveau de langue orale, l'enfant ne suit pas tout le discours scolaire. La Langue des Signes utilisée à l'école lui permet de comprendre plus vite, et de comprendre tout court, sans ambiguïté. La Langue des Signes a été tolérée, comme une concession faite aux sourds, pour les échanges de la vie courante. Pour communiquer entre eux. Il n'est pas évident pour tous que la Langue des Signes peut aussi véhiculer les connaissances que l'enfant doit acquérir à l'école.

L'apprentissage de la langue écrite est introduit tôt. Il est irremplaçable pour l'enfant de connaître les structures de la langue sous une modalité qu'il puisse enfin appréhender nettement. Les enfants entendants consacrent une partie de leur temps scolaire à apprendre le français. C'est en s'appuyant sur l'écrit que l'enfant sourd apprend le fonctionnement de la langue, c'est une tout autre démarche. Il lui faut continuer « d'apprendre à parler ».

L'enfant qui connaît les deux modalités de langage a beaucoup plus de vivacité, d'envie de faire comme tout le monde, c'est-à-dire de parler. C'est là un paradoxe dont les retombées sont positives. Autrefois, la communication gestuelle restait liée aux sourds vivant entre eux et ne faisait que les éloigner du monde de la parole. Or, il apparaît que l'usage des deux modalités ne fait qu'aviver l'envie de parler et va dans le sens de l'adaptation des sourds avec les entendants.

Une pédagogie bimodale peut rendre plus fructueuse l'intégration d'enfants sourds dans une classe d'entendants. Dans le témoignage de D. Bouvet les enfants sont aidés par un interprète en Langue des Signes lorsqu'ils suivent la classe, le matin, alors que l'après-midi est consacré à un travail individualisé. Deux idées initialement éloignées, opposées, se rejoignent : le principe de l'enseignement « bilingue » et celui de l'intégration.

Autrefois, on ne commençait pas *la démutisation* (12) avant 5 ou 6 ans. L'enfant n'avait acquis jusque-là aucun système de communication et n'avait aucune production vocale. Il abordait les apprentissages scolaires avec un retard qu'il ne pouvait rattraper. L'apprentissage de la langue se faisait à partir de l'écrit ; l'enfant apprenait à lire avant de parler. La plupart passaient alors plusieurs années dans des classes qui correspondaient au cours préparatoire-cours élémentaire et se trouvaient à 11 ou 12 ans avec un niveau de cours moyen (classe de 8e). Un tel handicap scolaire ne devrait plus exister.

Il serait illusoire de préconiser la même formule pour tous ou de croire que l'on possède « la » formule idéale. Mais l'éventail des possibilités actuelles permet de penser que les retards scolaires et la pauvreté culturelle déplorés jusque-là chez la plupart des sourds pourraient être en partie évités. L'enfant possède déjà tout un acquis lorsqu'il aborde la scolarité. Devant cette diversité, il ne peut exister de formule unique (13).

Ces différentes solutions s'adressent à des sourds profonds. Pour beaucoup de demi-sourds, les pro-

(12) La démutisation était définie initialement comme « montage de l'articulation », ce qui fait frémir.

(13) Nous proposons à titre d'exemple l'organigramme des structures médicales, médico-sociales et pédagogiques pour Lyon et sa région, 1980.

blèmes diffèrent. Avec une prothèse et une aide précoces, l'intégration avec des entendants devient possible. La langue orale a la première place, même si l'on utilise quelques gestes lorsque l'enfant est petit ou si, scolarisé avec des sourds, il a l'habitude d'utiliser des gestes.

Prise en charge des enfants sourds
(Organigramme des structures médicales, médico-sociales et pédagogiques pour Lyon et sa région, 1980)

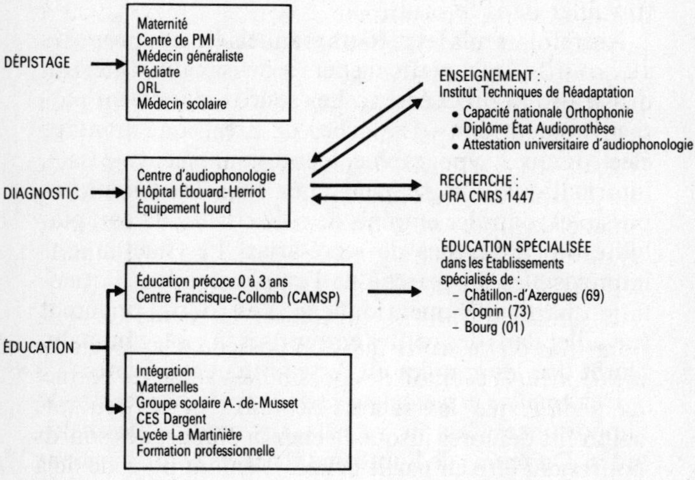

L'éventail des possibilités scolaires ne doit pas détourner des choix d'orientation. Plus encore que pour les entendants, il faut évaluer les chances d'insertion ultérieures : un apprentissage est souvent plus utile que le baccalauréat.

III. — Le choix d'une profession

La surdité introduit un coefficient de difficulté à peu près partout. Les aptitudes étant égales par ailleurs, un adolescent sourd a un peu plus de problèmes partout : il comprend imparfaitement les consignes, manque de confiance en lui. Il en est de même s'il poursuit des études. Certains débouchés sont impossibles, les métiers qui nécessitent de répondre au téléphone, de communiquer couramment, les professions commerciales notamment. Il est déconseillé aussi de travailler dans le bruit.

Autrefois, seuls les métiers manuels étaient proposés aux sourds, les « petits métiers » artisanaux, ceux qui disparaissent précisément. Les sourds réussissent particulièrement dans des tâches de précision, montage électronique, typographie, conditionnement, dessin, informatique. On ne peut citer tous les débouchés possibles, dans les emplois de collectivités, la comptabilité ou des tâches de secrétariat. Les fluctuations imprévisibles du marché de l'emploi rendent l'orientation particulièrement difficile. Les sourds préfèrent travailler dans des petites entreprises, à visage humain, plutôt que les grandes où ils se sentent anonymes.

Des *emplois pédagogiques* sont appelés à prendre de l'importance. Cela ne va pas sans modifier les habitudes. Du temps de l'oralisme strict les sourds avaient été évincés des postes d'enseignants. Actuellement, les données sont tout à fait différentes. Il apparaît que dès la petite enfance des adultes peuvent avoir un rôle à jouer. L'enfant sourd dont les parents entendent doit fréquenter des adultes sourds ; ses parents eux-mêmes ont beaucoup à apprendre de ces contacts. Jusqu'à maintenant, cette collaboration a été improvisée à partir d'initiatives individuelles et de choix empiriques. L'improvisation ne peut durer toujours ! Il ne suffit pas d'être sourd en effet pour constituer un « modèle » de parent et d'utilisateur de la Langue des Signes. Pour enseigner la Langue des Signes, il faut l'utiliser couramment mais aussi savoir ce qu'est la pédagogie et ce qu'est la surdité. Transposons : il ne suffit pas de parler français pour être capable d'enseigner le français.

Les problèmes sont les mêmes pour les sourds qui vont intervenir dans la vie scolaire. Que cherche-t-on ? des interprètes, des répétiteurs, des professeurs ? Il y a place pour toutes ces professions, mais le fait d'être sourd ne constitue que l'un des critères requis. Dans la période de transition actuelle, il arrive que des adultes sourds se voient proposer des tâches pour lesquelles ils ne sont pas réellement préparés. Il serait indispensable de former des professeurs sourds capables d'enseigner différentes matières, les mathématiques, les sciences naturelles, etc. Jusque-là, peu de sourds ont reçu une telle formation. Les idées vont plus vite que les structures.

IV. — **Dans les activités de la vie**

L'enfant sourd va vivre sans entendre dans un monde où les indices sonores interviennent couramment. Pensez aux détails de la vie matérielle : le téléphone, la sonnette, la sonnerie du réveil, l'annonce par haut-parleur. Tout une série de gadgets permet de traduire les informations sous une forme que le sourd peut percevoir, comme un signal lumineux. Les sourds trouvent des astuces qui facilitent la vie quotidienne. Mais dès qu'il s'agit d'informations sonores complexes, aucune transformation n'est possible. Ils ne peuvent pas écouter la radio par exemple. Les sourds mènent cependant une vie matérielle normale ; la plupart compensent par un côté débrouillard. Actuellement, un sourd peut conduire une voiture.

Les difficultés profondes se mêlent aux petits inconforts. Les sourds racontent non sans humour que chez eux les repas traînent sans fin et qu'ils mangent toujours froid : à table, entre sourds, on doit poser les couverts pour que les mains soient libres de parler. On ne peut parler et manger en même temps ! Dans toutes les tâches manuelles, il faut s'interrompre pour parler, que l'on soit occupé à préparer le repas ou à bricoler, il faut tout lâcher ! Entre sourds, il ne s'agit cependant pas de « problèmes ». Ils respectent automatiquement les conventions de la communication gestuelle : proximité, face-à-face, dans le champ de vision ; on appelle l'attention en touchant. Il existe bien plus d'obstacles pour communiquer avec les entendants et vivre dans un monde où la majorité entend et ne pense pas aux sourds.

Tant qu'il est à l'âge du jeu, le petit sourd joue avec les entendants. Avec des consignes simples, l'imitation suffit le plus souvent : ils jouent à courir, sautent, se renvoient le ballon, rangent les petites voitures. C'est à l'âge où commencent les discussions qu'il ne suit plus. Dans les grandes classes primaires et à plus forte raison dans le secondaire, même si les autres sont gentils, patients et ne le laissent pas dans son coin. Le sourd qui utilise un peu de langage oral ne participe plus du tout dès que les autres se mettent à parler entre eux, qu'ils discutent, bavardent à bâtons rompus, dès qu'ils disent des blagues, à l'âge des allusions et des secrets. Cela se passe souvent dans le bruit, les cris de la récréation, le brouhaha des couloirs ou de la rue.

Ils se sentent souvent exclus. Ils voient bien que tout

le monde rit. Ils demandent des explications que les autres n'ont généralement pas le temps de donner à chaud. Si un camarade essaie d'expliquer, il résume et dit la stricte vérité : *mais non, c'est rien, sans intérêt, des bêtises.* Il n'y a effectivement souvent pas grand-chose à raconter. Mais le sourd passe à côté, il n'a qu'un commentaire indirect, différé, résumé et s'imagine qu'on lui cache quelque chose. Cette situation va se reproduire tout au long de sa vie. Dès qu'il sort du face-à-face, de la communication avec un interlocuteur unique qui s'adresse à lui, il doit se contenter de version partielle.

Les adolescents sourds qui suivent des études ont souvent l'impression que les enseignants les voient sans nuances. Dans la mesure où un sourd parle et fréquente un collège ou l'université, on a tendance à croire qu'il n'a plus de problème. On le traite comme s'il entendait. Le professeur oublie que s'il ne fixe pas son visage le sourd ne peut plus lire sur les lèvres et ne comprend plus rien. C'est ce qui se passe lorsqu'il continue à parler tout en écrivant au tableau, s'il se déplace dans les rangs et parle à droite et à gauche.

De leur côté, la plupart des entendants ne savent pas comment s'adresser aux sourds. Comment leur parler ? Que comprennent-ils ? Faut-il se mettre à leur portée ? Cette maladresse se manifeste de façon diverse. La plupart ne parlent pas à un sourd comme à un entendant ; ils parlent plus fort, ou plus haut, plus lentement, même parfois en criant, avec des gestes, des mimiques exagérées comme s'ils s'adressaient à une image d'Epinal du Pr Tournesol. D'autres ne voient vraiment pas ce qu'ils pourraient avoir à dire à un sourd. L'image du sourd-parlant, interlocuteur potentiel, n'a pas acquis un contour très net dans la conscience collective. La présence d'enfants sourds intégrés dans des classes d'entendants pourra, nous l'avons vu, préparer les enfants à être moins empruntés avec les sourds. C'est souvent l'idée que l'on se fait du sourd dans le grand public qui est l'entrave essentielle à la communication.

Il y a finalement peu de communication entre sourds et entendants. A l'exception de ceux qui y sont amenés par leur profession, la plupart ignorent le problème. Cela accroît certains traits de caractère des sourds qui demeurent souvent méfiants, se croient méprisés et reprochent à la société de les ignorer. C'est une attitude normale de groupe minoritaire. Comment se situe ce groupe des sourds dans cette majorité d'individus entendants ?

Au sourd-parlant intégré, surmontant les obstacles s'oppose l'image du sourd-parmi-les-sourds. Celui qui ne se sent bien qu'avec des sourds et revendique la *culture sourde* (14). Il s'agit là des habitudes communes aux sourds qui ont surtout vécu entre eux, fréquentant peu les entendants et ne cherchant pas à les imiter. Ceux qui ont été élevés dans une famille de sourds ou un institut et ont toujours communiqué surtout par gestes. Des sourds qui ne sont jamais arrivés à parler ou à parler suffisamment. Ils sont à peu près toujours extrêmement à l'aise entre eux. Il suffit de les regarder : ils parlent avec leurs mains, avec leur regard, leur corps. Ils se racontent des blagues, parlent de la pluie et du beau temps, ils parlent pour ne rien

(14) On parle de *culture sourde* par extension. La Langue des Signes crée des liens spécifiques, cimente une communauté sourde qui se situe comme un groupe linguistique minoritaire. Les sourds, ceux qui ne maîtrisent pas la langue orale, sont attachés à leur langue comme d'autres sont fiers de demeurer bretons ou occitans. Mais, en même temps que leur langue, ces groupes linguistiques possèdent une littérature, une musique, un folklore, un art populaire... ce qui constitue une culture. Les sourds n'ont en commun à peu près que leur langue.

dire comme vous et moi, ce qui manque au sourd-parlant qui doit toujours s'appliquer et réfléchir lorsqu'il est dans une situation de communication.

Il est tentant d'opposer les deux images : le sourd-parmi-les-sourds, à l'aise et décontracté, et le sourd-parmi-les-entendants toujours à la pointe de l'effort, à la merci d'une situation frustrante. Les enfants sourds d'aujourd'hui qui acquièrent en même temps geste et parole n'auront sans doute pas le sentiment d'appartenir à une minorité incomprise.

Dans la période de transition actuelle, les sourds n'en restent pas moins tiraillés dans la vie. Vivre avec et comme les entendants pour les sourds qui parlent. Ou rester attaché au groupe des sourds qui souvent ne souhaitent pas ressembler aux entendants ni se mélanger.

Les sourds qui gardent leurs distances ou qui préfèrent rester entre eux se retrouvent souvent dans des *associations*. Bien des groupes ont des visées sociales, sportives (sport « muet », les Premiers Jeux internationaux des Silencieux datent de 1924), culturelles, artistiques, récréatives. Leurs dons pour le mime ont imposé certains de leurs spectacles auprès d'un large public. Voilà du reste un domaine où sourds et entendants se sont retrouvés avec une même sensibilité. Le public est unanime devant des initiatives comme la création en 1976 par Alfredo Corrado du Théâtre des Sourds de Vincennes, sur le modèle de l'International Visual Theater, un pont entre les deux communautés.

Deux secteurs importants de la vie culturelle pourraient aisément être rendus plus accessibles aux sourds : la télévision et le cinéma.

— *La télévision.* — Le temps d'antenne hebdomadaire consacré aux sourds est très inférieur à une heure. *Mes mains ont la parole* s'adresse aux enfants le mercredi après-midi. Une histoire est racontée en Langue des Signes avec une voix off.

Le magazine *C'est la vie* est précédé d'un résumé de quelques minutes en français signé.

C'est une production infime. Or, la télévision pourrait être un instrument prodigieux et faciliter l'intérêt des sourds pour la vie sociale, politique, culturelle. Tous profiteraient du même bain d'information. Il suffirait d'initiatives infimes comme le sous-titrage ou la traduction simultanée de certaines séquences (15).

— *Le cinéma.* — Il est très fréquenté par les sourds qui ont un certain niveau d'instruction et recherchent évidemment les films en version originale sous-titrés. En effet, sans sous-titrage, les sourds (même ceux qui suivent aisément la langue parlée) sont désorientés dès que l'histoire est décousue ou qu'interviennent des flash-back ou une voix off (16).

Jusque-là, on a surtout pensé à la scolarisation, aux problèmes d'apprentissage et de débouchés professionnels. Ces exemples donnent une idée des initiatives qui pourraient améliorer le confort des sourds dans la société et dans la vie culturelle.

(15) Dans les années à venir, la télévision va devenir plus accessible aux sourds. Le sous-titrage s'étend à des émissions plus nombreuses, des séries ou des films. Par l'intermédiaire de décodeurs les sourds vont avoir accès, comme les entendants, au télétexte.

(16) On peut en rapprocher l'expérience que l'on a faite en présentant à des sourds des films muets, espérant que ce registre-là ne poserait pas de problèmes pour eux. Contre toute attente, les sourds ne rient pas au bon moment et comprennent difficilement le comique de situation qui est fait par et pour les entendants. Ils sont souvent déroutés également par les dessins humoristiques qui sont sous-tendus par un réseau allusif sans doute différent du leur.

NOTES MÉDICALES

La surdité de l'enfant est une maladie, même si ses conséquences, comme nous l'avons vu, ne sont pas d'ordre médical. Nous avons consacré surtout ce livre aux répercussions de la surdité sur le développement et la vie de l'enfant, mais des précisions sont indispensables, notamment si l'on veut comprendre l'importance des notions de dépistage et de diagnostic.

Lorsque l'appareil de transmission (tympan et osselets) est lésé, la surdité est dite *de transmission*. Lorsque l'oreille interne (cellules de Corti) est atteinte, on parle de *surdité de perception*.

La surdité est cliniquement patente lorsque les deux oreilles sont atteintes, c'est-à-dire lorsque la surdité est *bilatérale*.

Les plus fréquentes sont *les surdités de transmission*, relevant de phénomènes infectieux rhinopharyngés observés habituellement chez l'enfant. Leur retentissement sur le développement du langage est moindre, mais elles sont responsables de retard de parole et ont des répercussions scolaires.

Les surdités de perception ont un taux d'occurrence de 1 pour 1 000 naissances. Elles sont un peu plus fréquentes chez le garçon que chez la fille. Généralement bilatérales, elles entravent d'autant plus le développement du langage qu'elles existent dès la naissance et qu'elles sont plus profondes.

Etiologies des surdités de perception. — Dans les statistiques, 20 % des cas ne reçoivent aucune étiquette. Deux hypothèses sont alors soulevées : s'agit-il d'une *surdité génétique* ou d'une infection *virale pendant la grossesse* ?

85 % des surdités sont congénitales ; cela signifie qu'elles existent à la naissance et justifie un dépistage précoce.

Il existe deux types de surdités, *fixées* ou *évolutives.*

Dans le classement étiologique, on distingue deux groupes :

— *les surdités génétiques* (appelées aussi surdité héréditaire ou familiale) ; elles peuvent exister dès la naissance ou se révéler plus tardivement ;
— *les surdités acquises* pour lesquelles on admet trois sous-groupes :
  — surdités prénatales : toute infection virale pendant les premiers mois de la grossesse peut entraîner une lésion de l'appareil auditif en plein développement, c'est pourquoi la rubéole (1) est une affection redoutable d'autant plus qu'elle peut léser non seulement l'appareil auditif, mais le cerveau, les yeux, le cœur, responsable alors de handicaps multiples. On ne saurait trop insister sur les précautions pendant la grossesse vis-à-vis des administrations médicamenteuses (les médicaments franchissent la barrière placentaire et pénètrent dans la circulation de l'embryon) ;
  — surdités néo-natales : la cause en est une anoxie lors de l'accouchement ou un ictère (le taux de bilirubine doit être élevé ; quant à l'ictère

(1) La vaccination rubéolique des adolescentes fera disparaître cette cause.

par incompatibilité rhésus fœtomaternelle, il est prévenu par l'exsanguino-transfusion) ;
— surdités postnatales : causes proches de celles de l'adulte, mais il faut faire une place à part aux surdités postméningitiques dont la fréquence n'a pas été diminuée par la thérapeutique médicale.

A terme, ces différentes étiologies entraînent des surdités de profondeur variée :

— surdité légère : perte auditive entre 20 et 40 dB ;
— demi-surdité : audiogramme entre 40 et 60 dB ;
— demi-surdité sévère : courbe entre 60 et 80 dB ;
— demi-surdité profonde : tous les restes auditifs inférieurs à 80 dB ;
— surdités profondes = restes auditifs sur deux fréquences graves (250 et 500).

Ces deux dernières catégories représentent 60 % du total.

Le dépistage. — Le dépistage *des surdités de transmission* relève d'un examen simple d'otoscopie qui permet de soupçonner un état inflammatoire de l'oreille moyenne. La manifestation de l'atteinte otologique peut être une surdité clinique ou un trouble de la parole. Dès lors, le dépistage peut être direct, en usant d'une impédancemétrie ou indirect par l'examen otologique des retards de parole.

Le dépistage *des surdités de perception* dépend beaucoup du degré de surdité. Les surdités profondes sont dépistées très tôt, alors qu'un déficit discret peut rester longtemps ignoré.

Selon une enquête de la Communauté économique européenne (1), on dépiste :

Avant 3 ans	*Avant 5 ans*
8 % des malentendants	18 % des malentendants
1 % des demi-sourds	53 % des demi-sourds
48 % des demi-sourds profonds	79 % des demi-sourds profonds
71 % des sourds profonds	90 % des sourds profonds

Le carnet de santé de l'enfant prévoit théoriquement trois moments privilégiés pour le dépistage :

— *A la naissance*, tous les enfants se trouvent être l'objet d'une attention médicale particulière. En fait l'examen systématique est difficile à mettre en route : son coût est particulièrement élevé. La surdité de perception n'est découverte que dans 1 cas sur 1 000. On préfère un dépistage orienté vers les cas de grossesse et de naissance à haut risque. L'occurrence d'une découverte de surdité est alors de une pour 200 examens.

— *Au 9e mois*, les réactions de l'enfant aux stimulations sonores sont nettes.

— *Au 24e mois*, peuvent être appréciés les réactions auditives en même temps que les débuts du langage. Au moindre doute, un examen spécialisé est nécessaire.

Le dépistage nécessite une sensibilisation de tous ceux qui s'occupent de l'enfant dans les premiers jours de sa vie, c'est-à-dire les accoucheurs, les sages-femmes, les pédiatres. Cette sensibilisation concerne aussi les parents qui doivent être attentifs au développement, à l'éveil de l'enfant et qui doivent savoir que l'enfant entendant réagit au bruit, dès les premières heures de sa vie.

(1) Rapport édité en 1980 : Childhood deafness in the European Community.

Au jardin d'enfants, l'information des maîtres et maîtresses de maternelle est essentielle. Ils doivent être attentifs à l'audition et au développement du langage et de la parole.

Le diagnostic. — Le diagnostic se pose différemment selon que l'on a affaire à une surdité de transmission et à une surdité de perception.

Dans le cas d'*une surdité de transmission*, le plus souvent le diagnostic est fait parce que l'enfant présente des otites à répétition du fait d'une pathologie infectieuse rhinopharyngée. L'examen des tympans au microscope est alors essentiel ; la tympanométrie est un examen qui donne une idée très précise de la mobilité de l'attelage tympano-ossiculaire ; enfin l'examen audiométrique précise, si elle existe, la profondeur exacte de la surdité et la reconnaît comme étant transmissionnelle.

Dans le cas d'*une surdité de perception*, les circonstances du diagnostic sont très diverses : examen de dépistage systématique en cas de *grossesse ou de naissance à haut risque*, enfant présentant des signes manifestes de surdité, absence de développement du langage et de la parole, troubles comportementaux, difficultés scolaires. Dans une surdité de perception, l'otoscopie montre la normalité des tympans, une tympanométrie trace une courbe normale, mais l'examen est essentiellement une investigation audiologique.

Entre 0 et 3 ans, cette investigation commence par l'utilisation d'un matériel sonore très simple pour connaître les réactions de l'enfant. Puis viennent des investigations plus perfectionnées d'audiométrie conditionnée. Les techniques objectives, à l'heure actuelle, permettent de situer très exactement l'audition, oreilles séparées. Il s'agit des techniques d'électrophysiologie, soit mesure des potentiels évoqués auditifs, soit électrocochléographie, deux méthodes non pas concurrentes, mais complémentaires.

L'examen audiométrique est dans tous les cas indispensable. Il n'est pas question d'envisager une thérapeutique médicale, chirurgicale ou prothétique sans connaître très exactement la perte auditive de l'enfant.

L'examen d'un enfant porteur d'une surdité de perception comporte toujours : examen du langage, de la parole et de la voix, examen psychologique et neuropsychiatrique, enquête sociale.

Prophylaxie. — Les mesures qui peuvent être prises sont limitées. La vaccination antirubéolique est de plus en plus largement conseillée chez les filles avant la puberté. L'utilisation des médications ototoxiques est strictement limitée aux cas où intervient un pronostic vital. Une information des risques dans les cas d'affection héréditaire doit être précise lors des consultations prénuptiales.

Dans la mesure où les étiologies sont bien connues, il est regrettable qu'un effort plus important ne soit pas réalisé dans le domaine de la prophylaxie.

Aspects économique et social. — L'existence d'établissements spécialisés recevant en demi-internat ou en internat certains enfants est, nous l'avons vu, absolument nécessaire. Mais la lecture des chiffres révèle que le coût d'une éducation spécialisée en milieu entendant est moindre qu'en établissement spécialisé. Cet élément intervient aussi dans la responsabilité du médecin qui propose une orientation, et de la commission technique, la CDES. Il est essentiel de redire que, dans une indication thérapeutique, ce qui compte en premier lieu est le bien de l'enfant : lui fournir les meilleures possibilités de réhabilitation. Cette attitude ne peut cependant être irresponsable ; ceux qui ont la charge du diagnostic et aussi de l'orientation ne sauraient ignorer les contraintes économiques.

A titre d'exemple, donnons le montant du budget proposé pour 1983 au Centre d'Action médico-sociale précoce de Lyon : il est de 900 000 F pour une prise en charge de 34 enfants. L'équipe comprend une jardinière d'enfants à temps plein, 3 orthophonistes mi-temps, une musicothérapeute trois quarts temps, une secrétaire temps plein, 2 médecins audiophonologistes, un psychologue, un médecin neuropsychiatre, un agent de service.

La découverte d'une surdité de perception bilatérale chez l'enfant et la mise en route d'un appareillage et d'une éducation spécialisée s'accompagnent d'une série de *démarches administratives*.

La caisse d'assurance maladie doit prendre l'enfant en charge à 100 % au titre de la longue maladie.

Rappelons que l'appareillage auditif est remboursé pour chaque oreille mais sur une base très modeste, laissant une part importante aux familles.

L'allocation d'éducation spécialisée est attribuée au déficient auditif de 0 à 20 ans ayant au moins un degré d'incapacité de 80 %. La demande doit être faite par la famille à la CAF.

La carte d'invalidité réclame pour son obtention une incapacité minimale de 80 %. La demande est faite par les parents auprès des commissions départementales d'éducation spécialisée.

En même temps qu'ils ont à surmonter les difficultés psychologiques qu'introduit le diagnostic de la surdité, les parents d'enfants sourds doivent se livrer à toute une série de démarches. Actuellement, dans les services médicaux hospitaliers, ils reçoivent une circulaire où sont mentionnées les différentes démarches à effectuer afin qu'ils puissent bénéficier des avantages sociaux auxquels ils ont droit. Les organismes auxquels ils ont recours font souvent tarder les décisions et n'ont pas toujours une écoute humaine suffisante.

Il apparaît à travers ces données que la surdité n'est pas une mais multiforme. Toute décision thérapeutique implique que soient pris en compte des paramètres nombreux, et repose sur une synthèse clinique.

CONCLUSIONS

Après beaucoup de confusion et d'erreurs, l'image de la surdité de l'enfant se dessine actuellement avec plus de netteté. Nous sommes au temps de la réflexion. A l'arrière-plan, une question qui n'est pas neuve : comment s'y prendre pour que l'enfant sourd connaisse moins d'échecs dans son langage, dans sa scolarité, dans sa vie ?

Une question n'est pas neuve : comment s'y prendre pour que l'enfant sourd connaisse le moins d'échec dans son langage, dans sa scolarité, dans sa vie ? Quelques idées simples sous-tendent des réponses, des idées qui semblent des évidences ; on a peine à croire qu'elles ne se soient pas imposées plus tôt. Il y a eu tant d'aveuglement autour de la question.

La première idée est la précocité. Tout est orienté vers un diagnostic précoce qui permet un appareillage précoce et éventuellement une implantation cochléaire précoce, un entraînement perceptif et vocal précoce, des activités de communication à l'âge où il est normal qu'elles s'organisent.

La deuxième idée : la bimodalité. Un enfant sourd profond n'entend pas le langage oral. Il construit un langage s'il reçoit des modèles qu'il peut percevoir. Il faut actuellement lui fournir le langage dans deux modalités : gestuelle et orale. Les deux ont leur place dans le projet éducatif, il n'y a pas concurrence mais complémentarité.

Longtemps ces idées ont cheminé indépendamment l'une de l'autre. Elles sont nées dans des domaines différents de la pratique. Chacune a mûri de son côté; elles se sont rencontrées et ont acquis une force si elles sont exploitées de façon complémentaire, introduction précoce des deux modalités.

Deux autres idées doivent encore être soulignées si l'on veut éviter de retomber dans les errements des derniers siècles.

Le projet d'aide ne doit pas s'appuyer sur *des dogmes*. La réalité est toujours complexe et mouvante.

Il n'y a enfin aucun projet sérieux sans *cohérence*. On ne peut engager l'enfant dans un système quelconque sans savoir s'il pourra continuer avec cette méthode, s'il sera possible de lui fournir pour l'avenir des structures qui permettent de s'intégrer dans la société.

La défense d'une méthode ne doit pas devenir une « croisade ». La communication gestuelle est une immense ouverture mais risque de susciter le même aveuglement qu'il y a peu de temps encore l'oralisme. Aucune méthode n'est applicable de façon systématique et exclusive à tous les sourds. Pour chacun s'impose une synthèse. On ne peut poser d'indication sans tenir compte des nombreux paramètres qui interviennent.

Quels que soient les choix, les réalisations vont moins vite que les idées. Il faut des années pour modifier les hommes et les structures, qui ne sont pas toutes à transformer du reste. On ne peut donc fournir instantanément aux sourds, partout, des formules idéales répondant aux idées proposées.

BIBLIOGRAPHIE

Il faudrait un livre entier pour classer les publications consacrées aux sujets abordés ici. On ne peut citer les articles ponctuels dispersés dans des revues spécialisées. De plus, dans la période de transition actuelle, des recherches classiques paraissent absolument « démodées » alors que des publications récentes sont plus polémiques que scientifiques. Nous ne citons que des ouvrages des dix dernières années.

Les ouvrages généraux sur le langage ou les troubles du langage chez l'enfant consacrent tous un chapitre aux surdités, notamment :

Borel-Maisonny, S., Launay C., Les troubles du langage, de la parole et de la voix, Paris, Masson, 2e éd., 1976, p. 203-278.

Rondal J.-A., Troubles du langage, diagnostic et rééducation, Bruxelles, Mardaga, 1982, p. 216-264.

Aimard P., L'enfant et son langage, Lyon-Villeurbanne, Simep, 3e éd., 1982, p. 147-184.

On peut consulter des revues telles que, en langue française, Communiquer, le Bulletin d'Audiophonologie ou les comptes rendus des associations, tel le Congrès mondial des Sourds.

Parmi les ouvrages récents :

Bouvet D., La parole de l'enfant sourd, Paris, Presses Universitaires de France, coll. « Le Fil rouge », 1982.

Colin D., Psychologie de l'enfant sourd, Paris, Masson, 1978.

Cuxac C., Le langage des sourds, Paris, Payot, 1983 (présente une bibliographie historique de langue française).

Lepot-Froment C., L'enfant sourd raconté par ses parents, Louvain-la-Neuve, Cabay, 1981.

Morgon A., Aimard P., Daudet N., Education précoce de l'enfant sourd. A l'usage des parents et des éducateurs, Paris, Masson, 2e éd., 1980.

Moores D., Educating the deaf : psychology, principle and practices, Boston, Houghton Mifflin, 1978.

TABLE DES MATIÈRES

Imprimé en France
Imprimerie des Presses Universitaires de France
73, avenue Ronsard, 41100 Vendôme
Mars 1996 — N° 42 215